U0336975

反向学习

学习力的五项修炼

刘澜 ▶ 著

UNLEARNING

The
Five
Disciplines
of
Learning

机械工业出版社
CHINA MACHINE PRESS

图书在版编目（CIP）数据

反向学习 : 学习力的五项修炼 / 刘澜著 . -- 北京 :
机械工业出版社 , 2025. 3. -- ISBN 978-7-111-77476-1

Ⅰ. G791

中国国家版本馆 CIP 数据核字第 2025PR9018 号

机械工业出版社（北京市百万庄大街 22 号　邮政编码 100037）
策划编辑：白　婕　　　　　　　　　责任编辑：白　婕
责任校对：甘慧彤　张慧敏　景　飞　责任印制：常天培
北京科信印刷有限公司印刷
2025 年 3 月第 1 版第 1 次印刷
147mm × 210mm・12.625 印张・3 插页・190 千字
标准书号：ISBN 978-7-111-77476-1
定价：139.00 元

电话服务　　　　　　　　　网络服务
客服电话：010-88361066　　机　工　官　网：www.cmpbook.com
　　　　　010-88379833　　机　工　官　博：weibo.com/cmp1952
　　　　　010-68326294　　金　书　网：www.golden-book.com
封底无防伪标均为盗版　机工教育服务网：www.cmpedu.com

为成人而写的学习书

这是一本为成人而写的学习书。这里的成人有双关的意义：一方面指本书的目标读者是"成人"，另一方面指学习的目标是"成人"。

成年的人与成熟的人

我们通常所说的"成人"，指成年的人，表示在年龄上成人，是生理和法律意义上的成人。

"成人"还有另一种含义，指成熟的人，表示在思想上成人，是心智意义上的成人。可以说人跟动物的真正区别在于思想，那么真正的成人是在思想上成人。

在理想的情况下，这两种含义应该是重合的。一个人在年龄上成人，也应该同时在思想上成人。不过绝大多数人都不是这样。

成年是容易的，成熟是困难的。每个人都会长大，但不是每个人都能成人。

怎样才算在思想上成人呢？我引用两个心理学家对心智成熟的研究。

心理学家霍华德·加德纳总结了人的四个心智发展阶段：二元对立、力求公平、相对主义、个人整合。他也将这四个阶段分别称为五岁儿童、十岁儿童、十五岁青少年、二十五岁（或五十岁）成年人的心智。[1]

这四个阶段的区别大致如下。

- 二元对立就是执着于好人与坏人的对立、正确与错误的对立、自我与他人的对立
- 力求公平则是认为没有绝对的好坏与对错，比如说好人也有缺点，坏人也有优点
- 相对主义则从更加多元的角度看待世界
- 个人整合能够综合两种明显对立的情感：一方面，明白各种价值观是相对的；另一方面，在一个特定的情形下又需要选择一种更为适合的立场

加德纳认为：个人整合是最为成熟的心智，但是很少有人能达到。有些成年人一直处于五岁儿童的心智，以自我为中心，还有些人则一直没有超越十岁儿童的善恶观。

另一位心理学家（与加德纳同在哈佛大学教育研究生院任教）罗伯特·凯根则把人的心智发展分为四个阶段：以我为尊、规范主导、自主导向、内观自变。^㊀

这四个阶段大致可以这么区分：

- 以我为尊跟加德纳说的二元对立基本上是一回事
- 规范主导就是通常所说的社会化阶段，把社会制定的种种规则内化于心，一般会忠实于某个组织或者群体
- 自主导向是既能从多个角度看待问题，又有自己的观点
- 内观自变则是能够利用他人的观点来持续提升自己的思维系统

在凯根模型中，内观自变是最成熟的心智，是少有人能达到的境界。实际上，根据凯根及其学生的研究，能够达到自主导向的人不多，连一半都不到。

㊀ 这里使用的是凯根的学生贝格的概括，与凯根自己的阐述略有区别，参见贝格.领导者的意识进化：迈向复杂世界的心智成长［M］.陈颖坚，译.北京：北京师范大学出版社，2017.

参考答案思维方式

关于成人的心智发展阶段，还有其他一些说法。加德纳模型、凯根模型和其他模型，尽管各有不同，但是仍然有很多共同点。

我们应该都同意，成熟的人需要有自己的思考，而不能只会复制、粘贴别人的观点。如果是那样，就跟一个被设定程序的机器人差不多，怎么能称为一个成熟的人呢？

这一点，在加德纳模型和凯根模型中都有体现。在加德纳模型中，自己的思考发芽在相对主义阶段，开花在个人整合阶段。在凯根模型中，自己的思考形成于自主导向阶段，壮大于内观自变阶段。

我也试着思考一下，把成人的心智发展分为三个阶段。

第一个阶段是"标准答案思维方式"。这时，我们把家庭、学校、社会所教给我们的种种当作标准答案（相当于凯根模型中的规范主导阶段）。

第二个阶段是"参考答案思维方式 1"。这时，我们把之前（及今后）家庭、学校、社会所教给我们的种种当作参考答案（相当于加德纳模型中的相对主义阶段），并形成自己的答案（相当于凯根模型中的自主导向阶段）。

第三个阶段是"参考答案思维方式2"。这时，我们把自己的答案也当作参考答案，随着情境的不同而修改（相当于加德纳模型中的个人整合阶段），并随着认识的改变而更新（相当于凯根模型中的内观自变阶段）。

参考答案思维方式1和2的区别在于，前者把自己的答案视为标准答案，而后者把自己的答案视为参考答案。

所以，参考答案思维方式1其实也可以称为标准答案思维方式2。[⊖]但是，产生自己的答案其实是相当了不起的事情，是意识到"自己对自己负责"的一个飞跃，所以还是称为参考答案思维方式1更好一些。可以理解为，成人有两个阶段，这是成人的第一阶段。

我用我的三阶段模型来"兼容"其他一些关于成人的说法。[⊜]

关于成人还有这样一个三阶段模型：依赖、独立、互相依赖。这既可以理解为人际关系的三个阶段，也可以理解为思想成熟的三个阶段。它跟我的三阶段模型可以一一对应：

⊖ 我也可以把标准答案思维方式称为参考答案思维方式1，把后两个阶段分别称为2和3？你想一想是为什么？

⊜ 这是使用第四章会讲到的模式化学习的策略：用模式比较模式以及用模式吸收碎片。

- "依赖"对应"标准答案思维方式"，这时，我们依赖于家庭、学校、社会提供的标准答案
- "独立"对应"参考答案思维方式 1"，这时，我们形成了自己的答案，在思想上独立了
- "互相依赖"对应"参考答案思维方式 2"，这时，我们意识到自己的答案也是一种参考答案，跟其他人的参考答案是互相依赖的，可以在它们的启发下更新和改变

哲学家理查德·罗蒂这样说成年：

作为成年人的标志之一就是懂得，没有任何书会向我们揭示宇宙的秘密或者生命的意义。这意味着认识到，所有这些过去的有趣的书籍都只是我们终有一天有幸能摆脱掉的梯子上的一些梯级而已。[2]

罗蒂说的当然不是年龄上的成人，而是思想上的成人。罗蒂所说的成人的标志就是参考答案思维方式：我们所读的任何书（当然也包括你正在读的这一本），都只是在提供参考答案。

语言学家塞缪尔·早川这样说成年：

不立刻做出任何反应，是一个人已经到达成年的表示。[3]

为什么"不立刻做出任何反应"是成人的标志呢？我同样可以用我的三阶段模型来解释。

一个人如果对其他人的言语、行为立刻做出反应，往往是依据了某个默认为真的标准答案。这个标准答案可能来自外界（标准答案思维方式），也可能来自自己（参考答案思维方式1）。你如果把自己的答案当作参考答案（参考答案思维方式2），就不会立刻做出反应了，即使对方的做法跟你的答案完全相反。你很可能在做出反应之前先问一个问题："你刚才那么做（说），理由是什么呢？"

所以，早川所说的可以对应我的三阶段模型中的第三个阶段：参考答案思维方式2。

用一生的时间来学习"成人"

你可能听说过"学习型组织"这个概念。这个概念能够在企业界流行起来，要归功于彼得·圣吉，一位具有全球影响力的管理大师。

我跟彼得·圣吉有过一些交往。在一次比较深入的对话中，他这样对我说：

人们通常认为一个人生而为人。但是我认为，在所有的修行传统中，不仅仅是佛家、道家，而是在东西方几乎所有的修行传统中，最基本的思想是，你花费你的一生来成为人。

你不是生而为人。[4]

这段话对我影响很大。这个思想其实也暗含在了加德纳模型和凯根模型之中：我们花费一生来学习"成人"。

彼得·圣吉还有一件"小事"令我印象深刻。有一次，我提到要去向加德纳请教。他说自己也有问题要问加德纳，想跟我一起去。我说，我约了加德纳一个半小时的时间，那我先跟他聊45分钟，然后你再加入吧。那天，我在加德纳办公室跟他聊了45分钟之后，打开门，彼得·圣吉正在门外守候。

彼得·圣吉是我钦佩的一位卓有成效的学习者。他教给我：我们用一生的时间来学习"成人"。

成年人首先要反向学习

成人是目的，学习是道路，本书所提出的学习力的五项修炼则是具体行动。这五项修炼是：

- 反向学习
- 参考答案思维方式
- 聚焦
- 模式化学习
- 深层迁移

这五项修炼是紧密联系在一起的。如果只选择最重要的一项，在其他场合，我可能会选择深层迁移。但其实选择任何一项，并以它为中心把其他几项联系起来，逻辑上都能自洽。

我在这个前言中主要强调了参考答案思维方式。但是，培养参考答案思维方式，要求我们首先"卸载"在大脑中已经根深蒂固的标准答案思维方式，即反向学习。所以，成年人首先要进行反向学习（第一项修炼）。

我们也可以以反向学习这项修炼为中心，把其他几项修炼联系起来。

所谓反向学习，就是减法式学习，是去除头脑中错误、过时、低效的知识。而反向学习的重点，不是单点的碎片知识，而是成套的心智模式。本书主要针对妨碍学习的几个坏习惯进行反向学习。反向学习不仅要"卸载"已有的坏习惯，而且要"安装"新习惯来替代它们。

由于妨碍学习的最大的一个坏习惯就是标准答案思维方式，为了替代它，我们要培养参考答案思维方式（第二项修炼）。

妨碍学习的另一大坏习惯是发散式学习，即弥补短板、全面发展，它必然导致学得多而浅。为了替代它，我们要聚焦（第三项修炼），要学得少而深。

妨碍学习的又一大坏习惯是碎片化学习，它与发散式学习是"相辅相成"的。大多数人都在碎片化学习，学到的只是一堆"散沙"，即一些毫不相干的知识碎片。为了替代它，我们要进行模式化学习（第四项修炼），要在头脑中建立一棵棵自成体系的知识树。

学用脱节是另一大妨碍学习的坏习惯，其对学习的妨碍程度可以与标准答案思维方式"媲美"。学用脱节表现为两个方面：要么学而不用，要么学而乱用，前者的危害更严重。为了替代它，我们要进行深层迁移（第五项修炼）。这是模式化学习的深化，即把模式知识应用于新的情境之中。

我们可以把参考答案比喻为禅宗指月的手指：月亮只有一个，但是位置时时不同，所以在不同的时刻，指向月亮的手指会指向不同的方向。不要把手指当成月亮。我这里所讲的五项修炼之间的关系，也许跟我在其他地方的阐述会略有不同。你可以理解为，这是在不同的时刻指向同一个月亮的手指。

最后总结一下。真正的学习者用一生的时间来学习"成人"。具体说来，他们做这五件事情：反向学习、参考答案思维方式、聚焦、模式化学习、深层迁移。

| 目 录 |

学习 = 我知道 + 我不知道

UNLEARNING

The Five Disciplines
of Learning

———

我经常做的工作，是给企业管理者讲课。我喜欢问他们这样一个问题：管理者最重要的能力是什么？

你会怎么回答这个问题？

试试看。

管理者最重要的能力

对这个问题，我听到过各种各样的回答：有人说是沟通能力，有人说是解决问题的能力，有人说是发现问题的能力，还有人说是协调能力、战略思考能力、用人的能力……

上面这些回答，都有一定的道理，不过还不够好。

我先教你一个万金油式的回答：看情况。

管理者最重要的能力是什么？你可以回答：看情况。

如果你能够这么回答，说明你对管理工作的本质已经比很多人理解得更好了。但是这还不够，你还要具体回答怎么看情况。

如果我来回答这个问题，在具体说"怎么看情况"之前，我会先介绍一个模型：管理者三大能力模型。这是管理学者罗伯特·卡茨在 20 世纪 50 年代提出来的[1]，现在几乎每一本管理学教科书都会写到它。

卡茨指出，每个管理者都需要具备三方面的能力。

- 技术能力：与具体工作内容相关的专业能力
- 人际能力：人际交往相关的能力
- 概念能力：从整体上、本质上思考问题的能力

这个模型的关键内容是：随着一个人职位的升高，技术能力越来越不重要，概念能力越来越重要，而人际能力一直都比较重要。

我很喜欢这个模型，因为它在很大程度上把握了管理者能力的本质。

这个模型也符合大多数管理者的经验认知——我对成千上万的管理者讲述过这个模型，还没有站出来反驳，认为这个模型不对，自己的亲身经历可以推翻这个模型的人。

前面我列举了其他一些对管理者最重要的能力是什么的回答，包括沟通能力、解决问题的能力、发现问题的能力、协调能力、战略思考能力、用人的能力。我现在说，管理者三大能力模型是更好的答案，原因之一在于，这些答案都包含在这个模型之中。

比如，沟通能力、协调能力、战略思考能力只是管理者三大能力模型的一部分。沟通能力是人际能力的一部分，协调能力则是人际能力和概念能力的一种组合，战略思考能力则是概念能力的一部分。

又比如，所谓的解决问题的能力、发现问题的能力都可以细分为技术能力、人际能力和概念能力。只是根据问题的不同性质，所需要的三大能力的比重不同罢了。

而且，管理者三大能力模型之所以是更好的答案，还因为它告诉我们"怎么看情况"。

如果你是高层管理者，这个模型告诉你：概念能力最重要。你需要培养大局观和战略思考能力。

如果你是中层管理者，这个模型告诉你：人际能力最重要。你需要跟上上下下处理好关系，尤其是跟上级和平级。

如果你是基层管理者，这个模型告诉你：技术能力最重要。你需要能够解决工作中的日常问题。

学习力是元能力

对于管理者最重要的能力是什么这个问题，我还有另一个答案：学习力。

这个答案也有其他人提供过。比如，管理学家沙因就这样说过：

> 管理者所处的是一个充满无尽变化和永恒挑战的世界，他们需要的并不是许多"知识"，他们需要的是获取知识以及在工作中应用知识的能力，而掌握这一能力的关键在于"学会如何学习"。

有意思的是，我可以从管理者三大能力模型里把这个答案推导出来。

管理者的三大能力从哪里来？显然，尽管有些能力有天生的成分，但是大部分需要通过后天的学习得来。

而且，学习技术能力、人际能力和概念能力的方法应该是不太一样的。既然在从基层管理者成长到高层管理者的过程中，这三种能力的重要性不同，那就意味着在不同的阶段，你要使用不同的方法去学习不同的能力。显然，这对一个人的学习力提出了很高的要求。

也就是说，如果没有很强的学习力，你很难从一个基层管理者顺利地转化为一个高层管理者。所以，管理者最重要的能力是学习力。

我现在延伸一下：学习力不仅对管理者重要，对所有人而言，它都是最重要的能力。

管理者的三大能力，其实也是每个人都应该具备的三大能力。技术能力等同于我们通常所说的智商，人际能力等同于我们通常所说的情商，概念能力比较高级一些，我暂时把它等同于我们通常所说的智慧。

智商、情商和智慧是怎么来的？这里面有天生的成分，但是大部分可以通过学习来提升。

学习力其实是一个人的元能力。

所谓元能力，就是关于能力的能力。学习力是一种特殊的能力，其他能力在很大程度上都依赖于这种能力，所以它是我们最重要的能力。

你能否培养出其他能力，除了先天和运气的因素，主要靠学习力。没有学习力作为基础，其他能力就是空中楼阁，难以成为现实。

未来学家约翰·奈斯比特说：

教育的真正目的应该是让孩子学会如何学习，这是他们可以一直学习的唯一方式。[2]

另一位未来学家阿尔文·托夫勒则强调说：

明天的文盲不是那些不识字的人，而是那些没有学会如何学习的人。⊖

两位未来学家展望未来，强调学习力的重要性；我这个"现实学家"则放眼现实，发现很多孩子在学校里没有学会如何学习。等到孩子变成大人，绝大多数人并没有具备学习力。

这是我的亲身体会。我是当年四川省的高考状元，在

_____

⊖　这句话出自托夫勒的成名作《未来的冲击》（*Future Shock*），是托夫勒引用的一位心理学家的话。

学校里一直都是好学生，但是我在 30 岁之后，才逐渐开始懂得如何学习。

学习力跟你在学校里的成绩关系不大。这既是坏消息，也是好消息。

坏消息是：学校可能没有培养你的学习力，甚至还损害了你的学习力。

好消息是：即使你在学校里不是好学生，同样可能培养出学习力。

学习力第一公式

关于学习，如果你只能记住一个道理，那你应该记住这一个：你能够学到什么新知识，在很大程度上取决于你已经学到什么知识。

教育心理学家戴维·奥苏贝尔在 1968 年就说过：

如果一定要我把所有的教育心理学总结成一句话的话，那么我会说：影响学习的最重要的因素就是学习者已经知道了什么。[3]

2000 年出版的《人是如何学习的》被认为是"学习科学这个新兴跨学科领域的第一本集大成的论著"。这本书中有这样一个总结：

从最一般的意义上说，现代学习观就是人们用他们已知道和相信的知识去建构新知识和对新知识的理解。[4]

这两句话都是在讲同一个大道理，可以说是关于学习最重要的道理。我把这个道理变成了一个公式，称之为学习力第一公式：

学习 = 我知道 + 我不知道

这个公式用更为简单的语言，同样在"最一般的意义上"描述了学习是怎样进行的：人们对新知识的学习建立在已有知识的基础上。人们的学习过程，就是用已有知识去跟新知识建立联系的过程。

这个公式中的"我知道"，就是已有知识；"我不知道"就是需要学习的新知识；而公式中的加号，就是建立联系。

尽管我借用了数学中的加法，但是它不是真正的加法，不能应用加法交换律——公式中的"我知道"和"我不知道"这两项不能交换位置。人们学习的时候，一定是带着已有知识进行的，也就是说，"我知道"一定在先，在加号的前面。

这个公式可以解释很多学习现象。

比如，为什么读同样一本书，听同样一门课，有的学生收获很大，有的学生却什么都没学到？传统的解释可能是他们用功程度不同。而根据学习力第一公式，更有说服力的解释是他们的已有知识不同，以及用已有知识跟新知识建立联系的方式不同。

又比如，为什么因材施教是很重要的教学方法？就是因为每个学生的已有知识不同，跟新知识建立联系的方式也不同，如果想要他们有效地掌握新知识，就必须考虑到这些不同，必须因材施教。

学习力第一公式所包含的道理，尽管说破之后好像是个简单的公理，但在学习科学的历史上，它的确有些颠覆性，所以《人是如何学习的》这本书才会那么强调它。

这个公式告诉我们：学生的大脑不是一个空杯子，而新知识不是可以直接倒进去的水，所以，传统的灌输、填鸭式的教学方法，是低效的、不科学的，是需要被革命的。

　　我之所以称之为"第一公式"，是在第一性原理的意义上来强调这个公式的重要性——从这个公式可以推导出学习上的其他重要道理。

　　比如，从这个公式可以推导出我所强调的学习力的五项修炼，也就是本书的主要内容。

学习力的五项修炼

　　学习力的五项修炼是：

- 反向学习
- 参考答案思维方式
- 聚焦
- 模式化学习
- 深层迁移

　　我把它们叫作学习力的五项修炼。当然，也可以把它们叫作五个方法或者五个习惯。我之所以更多地称之为五项修炼，主要是强调"修炼"这个词的两个内涵：

- 它们做起来并不容易，需要付出艰苦的努力

● 它们需要长期坚持做，才能成为习惯

本书的核心内容就是学习力的五项修炼。我先简单介绍一下这五项修炼。

第一项修炼：反向学习

我们通常所说的学习（learning）一般指的是增加知识的学习，这其实只是学习的一种，可以称为正向学习，或者说是加法式学习。

所谓的反向学习（unlearning）[⊖]，也可以说是减法式学习，就是去除大脑里错误、过时、低效的知识。反向学习就是"有意识地忘记"一些知识。

反向学习的重要性，可以从学习力第一公式推导而来。对新知识（"我不知道"）的学习需要建立在旧知识（"我知道"）的基础上。如果你的旧知识是靠不住的，你在此基础上学到的新知识也将是靠不住的。所以，我们需要对靠不住的旧知识进行反向学习。

每个人需要反向学习的知识肯定是不一样的。但是，

⊖　关于 unlearning 有不同的译法，我自己也先后使用过"去学习"和"反学习"两种译法。在本书中统一翻译为"反向学习"。

我还是发现了一些共性。大多数成年人对于"学习"是有误解的。他们需要对自己"关于学习的知识"进行反向学习。

在成年人的大脑里，有四个关于学习的重大误解，而且这体现在了他们的行动上，变成了四个学习上的坏习惯，分别是：

- 标准答案思维方式
- 弥补短板、全面发展
- 碎片化学习
- 学用脱节

怎么针对这些坏习惯做减法呢？我们可以用加法来做减法。去除坏习惯的最好方式是养成替代它们的新习惯。学习力的后面四项修炼就是替代这些坏习惯的新习惯。

第二项修炼：参考答案思维方式

所谓参考答案思维方式，就是既要学习已有的答案，把它们作为参考，但是又不能把它们作为标准答案，即不能生搬硬套。

毛泽东经常引用孟子的一句话：尽信《书》，则不如无《书》。[5]这里的《书》本来指的是《尚书》，引申为所有的书本知识。这句话包括了参考答案思维方式的两个要点：我们既要读书，又不能把书本上的知识当作标准答案。

当然，参考答案思维方式还包括更多的内容。本书会介绍参考答案思维方式的六个主要策略：

- 洞见分类
- 标准参考答案
- 互动学习
- 注重过程而非结果
- 发现隐含的假设
- 反过来想

华为有个员工问华为创始人任正非：怎样学习华为的管理哲学？任正非是这样回答的：

在这个哲学学习中，不应该有标准答案，站在左边、右边的人都是正确的，辩论有利于更深刻的理解……华为的价值观只能说是相对正确，你可以反对华为的价值观，在反对的过程中可以更深刻地认识它。

任正非的回答既体现了参考答案思维方式，又指出了培养这种思维方式的一种策略，就是前面列举的六种主要策略之一的互动学习。

参考答案思维方式跟学习力第一公式的关系是这样的：如果一个人把"我知道"作为标准答案，就难以学习跟它不一样的"我不知道"；如果一个人把"我不知道"作为新的标准答案来学习，就难以产生创造性的想法。

第三项修炼：聚焦

学习应该学得多，还是应该学得少？这好像是一个不用回答的问题，因为在一般人看来，知识就像财富，越多越好。但是在很多擅长学习的人看来，学得多往往意味着学得浅，而学得少才可能学得深。所以，会学习的人一般主张学得少而深，也就是聚焦。

著名物理学家、诺贝尔奖获得者理查德·费曼坦承自己是"偏科"的。他给一个担心自己孩子偏科的家长回信说：

让他去吧，让他去做这种稍有偏差的学习。针对自己感兴趣的东西，全心全意投入，而不理会其他科目。当然，我们目前的教育系统和学校的制度，会给他很低的评价，但他会得到补偿的。这比一个知道很多事，但每件事都只知道一点点的人好多了。[6]

当儿媳邵华向毛泽东汇报自己在大学的考试成绩时，毛泽东对她说：

一个人的精力是有限的，你不能把精力平均地用在每一门功课上，你应该钻一门你最喜欢的，你认为是最值得学习的东西，在这一门学科上，你要去有所突破，理解得更深一点，满堂红不一定就是好的。[7]

学习力第一公式跟聚焦关系密切。尽管"学习＝我知道＋我不知道"，但这并不意味着"我知道"的部分越多越好。因为，如果你的"我知道"只是多而浅的话，很难高质量地吸收"我不知道"。你的"我知道"需要是高质量的，如此才能真正发挥"知识的第一桶金"的作用。

学习要聚焦，就是说要学得少而深。本书会介绍聚焦学习的六个策略：

- 聚焦不变
- 聚焦实用

- 聚焦擅长
- 聚焦专题
- 聚焦作者
- 聚焦样本

第四项修炼：模式化学习

专家和新手最重要的区别，就是专家掌握模式知识，而新手只掌握碎片知识。专家能够看到事物的共性、整体和本质——也就是模式，而新手只看到事物的个性、部分与表象——也就是碎片。

与之对应的有两种学习方式：模式化学习与碎片化学习。大多数人的学习是碎片化的，而真正擅长学习的人把重点放在学习模式上。

模式化学习的重要性体现在两个层面。

第一个是静态的知识层面。就如刚才所说，模式知识是关于事物的共性、整体和本质的知识，相对碎片知识而言更管用，因此也更需要掌握。

第二个则是动态的学习层面。这需要回到学习力第一公式。"我知道"的知识可能是模式知识，也可能是碎片知识，前者好像一块磁铁，后者好像一些铁屑。如果你的"我知道"是模式知识，它就能像一块磁铁一样，帮助你吸收"我不知道"的碎片知识。而如果你的"我知道"只是碎片知识，那么它即使看起来很多，也只是一堆铁屑，本身没有什么用，也难以帮助你把其他的铁片、铁屑"组织"起来。

毛泽东曾经做过这样一个比喻：

有了学问，好比站在山上，可以看到很远很多的东西。没有学问，如在暗沟里走路，摸索不着，那会苦煞人。[5]

但是，毛泽东这里并没有把话说完整。并不是所有学问都能让你看得"很远很多"。为什么呢？我们结合毛泽东另外一句话看，就知道原因了：

学习马克思主义，不应该搬用它的个别词句、个别结论，而是要学它的立场、观点和方法。[5]

也就是说，你要学模式，而非碎片。并不是所有知识都能让你站得更高——模式化学习才能让你站得更高。有少数知识比其他知识更重要——模式知识就比碎片知识更重要。

　　赫伯特·西蒙也许是 20 世纪最擅长学习的学者。他是毕业于芝加哥大学的政治学博士，对组织管理理论做出了重要贡献，同时，他又是获得诺贝尔经济学奖的经济学家、获得图灵奖的计算机科学家，以及获得美国心理学会终身成就奖的心理学家。

　　他在学习上最大的特点，就是重视模式学习。他曾经以沙滩上的蚂蚁为例，说蚂蚁的行动看起来很复杂，其实是环境导致的，蚂蚁本身的行动只是遵循少数几个模式。因此，西蒙经常以"某某的模式"来为其著作命名，包括他的自传，也以"我生命中的模式"（models of my life）命名。[⊖]

　　本书会提出一个模式化学习金字塔模型，并介绍模式化学习的六种策略：

- 中距离学习模式

⊖ 西蒙的亲友和学生关于他的纪念文集也以"一个人的模式"命名，参见该纪念文集：AUGIER M，MARCH J G．Models of a man：essays in memory of Herbert A．Simon［M］．Cambridge：MIT Press，2004．

- 用模式吸收碎片

- 用模式分析碎片

- 用模式比较模式

- 搭建一棵模式树

- 建立模式的树林

第五项修炼：深层迁移

学习不仅是"学"——掌握知识，而且是"习"——应用知识。如果对小孩子来说，学比习更重要，那么对成年人来说，习比学更重要。成年人学知识的主要目的就是习——用到自己的工作和生活中。

习可以分为两种：一种是相对低级的，就是把在一种情境中学到的知识，在同一种情境中加以应用；另一种则是相对高级的，在学习理论中有个专门术语叫作"迁移"，指把在一种情境中学到的知识，应用到另一种情境中。

有人这么评价美国第一位获得诺贝尔经济学奖的学者萨缪尔森：

萨缪尔森从生物学、物理学、数学、机械工程学，借用大量概念与工具，套用于经济理论分析中。[8]

企业家任正非也擅长迁移。他曾经是军队中的工程师，创建华为之后，他把工程和军事中的很多思想，用到了对华为的管理上。

然而，擅长迁移的只是极少数人。学者们研究发现：学习上的有效迁移很难实现[9]。

你也许已经从自己的经验中得出了这个结论。你很可能会有这样的体会：一方面，你从小学到大学，学了很多知识，却不知道有什么用；另一方面，你在现实中遇到很多问题，又不知道该怎么解决。还有些时候，你真的进行了迁移，却发现：迁移错了！

有一个真实的例子：一家连锁餐饮企业的一个店长去海底捞学习，听到这样一个经验——海底捞的服务员给戴眼镜的顾客免费发眼镜布。这个店长学习回来，要求自己店里的服务员也发眼镜布。

这个店长没有意识到，海底捞是火锅店，顾客的眼镜容易因为火锅的热气而起雾，而他所在的餐饮企业主营炒菜，不存在这个问题。

我们需要区分两种迁移。一种是表层迁移：直接把碎片知识应用到另一个情境中。另一种是深层迁移：把碎片知识背后的模式提炼出来并应用到新的情境中。深层迁移更难，但是更有效。

上述例子中的那位店长进行了一次表层迁移，照搬了发眼镜布这个行动，而这只是一个碎片。他需要进行深层迁移，把这个行动背后的模式提炼出来再加以应用。

我为深层迁移专门发明了一个工具——四问学习法。四问学习法由四个问题组成：

我听到什么？我想到什么？我变成什么？我用到哪里？

后文将详细讲解如何用四问学习法进行深层迁移，包括对刚才举的那个例子——学习海底捞发眼镜布——以多种方式示范如何进行深层迁移。

学习力的五项修炼是一个有机的整体，它们彼此联系，相互支持：深层迁移以模式化学习为基础，模式化学习以聚焦为基础，参考答案思维方式是聚焦、模式化学习、深层迁移三项修炼的前提，反向学习则和其他四项修炼是互补的关系。

　　在这五项修炼中，如果要选择最重要的一项，我一般会选择第五项修炼——深层迁移。一方面，它强调学习中"习"的部分，这是对成年人来说更为重要的部分；另一方面，它以其他四项修炼为基础，包含了其他四项修炼。

　　下面，我们就从第一项修炼——反向学习开始，踏上我们成为卓有成效的学习者的漫漫旅途。

第一章

反向学习

UNLEARNING

The Five Disciplines
of Learning

反向学习指有意遗忘头脑中已有的知识。这个概念很少被拿出来讨论，以至于当著名咨询顾问大前研一在自己的书中倡导反向学习时，中文版错误地将其翻译为"不学习"[1]。这个少为人知的概念非常重要，是成年人学习的第一项修炼。

反向学习的几个要点

我先强调几个关于反向学习的要点。

第一，对小孩子来说，反向学习不那么重要，但是它对成年人来说非常重要。

小孩子更像一张白纸，加法式的正向学习对他们更重要。而成年人的大脑就像是一张字纸，已经积累了大量错误的、过时的、低效的知识。

哲学家叔本华敏锐地指出了反向学习对成年人的重要性：

早年灌输进头脑的虚幻的东西和由此产生的偏见所造成的损害是令人难以置信的。在往后的日子里，世事和人生所给予我们的教训就不得不主要用在消除这些偏见方面。

叔本华还告诉我们，古人早就明白这个道理。他讲述了古希腊哲学家安提西尼的轶事。被问及需要做的事情是什么时，安提西尼回答说："学会忘掉坏的东西。"[2]

古人明白的道理，今人不一定明白。我读过很多讲学习方法的书，即使是专门以成年人为目标读者的，对成年人学习的特殊性也认识得不够深刻，尤其忽略了反向学习。

我认为原因之一是大多数研究学习的学者研究的是学校里的学习。而市面上大多数学习书要么是这些学者写的，要么是基于这些学者的研究来写的。而学校里的学习就是加法式学习，没有减法式的反向学习。

第二，在现在这个时代，反向学习尤其重要。

很多人把这个时代称为 VUCA 时代。所谓 VUCA，指的是易变性（volatility）、不确定性（uncertainty）、复杂性（complexity）、模糊性（ambiguity）。

在这个易变、不确定的时代，过去管用的知识现在不一定管用，今天正确的答案明天不一定正确。在这样的时代，反向学习比正向学习更加重要，至少是同样重要。

沃顿商学院教授亚当·格兰特指出：

智力一直被视为思考和学习的能力。但是，在一个变化莫测的世界，还有一套更重要的认知工具：重新思考和忘却之前所学的能力。[3]

所谓的"重新思考和忘却之前所学的能力"，就是反向学习。

第三，反向学习比正向学习更难。

反向学习要求我们有选择地"忘却之前所学"，可以将其比喻为用橡皮擦擦掉大脑里的部分知识。这件事很难。

也许有些旧知识像是白纸上的铅笔字，比较容易擦掉。但可以肯定的是，也有些旧知识像是写在纸上的钢笔字，甚至像是刻在木头里的字，是很难擦掉的。

因此，著名经济学家凯恩斯说过这样的话："介绍新观念倒不是很难，难的是清除那些旧观念。"跨文化比较研究的著名学者霍夫斯泰德也指出：反向学习比在一张白纸上做加法式学习更难。[4]

第四，反向学习是有不同层次的，有些反向学习比另一些反向学习更重要。

反向学习有不同层次，是因为知识有不同层次。关于知识的不同层次有很多种区分方式，其中一种就是前面已经谈到过的碎片知识和模式知识之分。

所谓碎片知识，可以说是单点知识，是一个孤立的知识点，是"一点"知识。所谓模式知识，如我们通常所说的原理、原则、模型、理论，是"一套"相互关联的知识体系。

"美国的首都是华盛顿"，这就是一个碎片知识。而我在这里讲的"反向学习"这个概念，就是模式知识，它是"一套"知识体系，包含了多个互相关联的要点（比如说前面已经讲了四点）。

如果你之前认为"美国的首都是纽约"，那么你需要反向学习，把这个错误的碎片知识擦除掉。

你之前也可能认为"学习就是增加知识"，换句话说，"学习就是正向学习"（这是一个包含多个要点的模式知识，尽管你不一定明确意识到了）。那么，现在你需要对这个模式知识进行反向学习。

显然，对模式知识的反向学习更加重要，而且更加困难。

第五，组织也需要反向学习。

尽管研究个人学习的学者往往忽视了反向学习，但是，有一些学者重视反向学习。管理学有个分支叫作组织学习，有人总结了这个领域的七大贡献（其实就是七个重要概念），其中之一就是反向学习。[5]

为什么组织学习领域重视反向学习呢？这跟前面讲到的两个要点有关系。

首先，那些有一定历史的组织，跟成年人很像，它们从过去的经历中积累了很多知识，其中也会有错误、过时的东西。而且，组织正身处 VUCA 时代——这个术语就是在组织学习的背景中提出来的——需要不断反向学习来适应变化的需要。

管理大师德鲁克只是偶尔使用"反向学习"这个词，但他可能是最重视反向学习的管理思想家。他更多称之为"有组织的放弃"或者"有计划的放弃"，他在许多著作（如《知识社会》）中都强调了这个观念。

当然，组织本身不会学习，会学习的是组织中的人。所以，组织能不能反向学习，在很大程度上取决于组织的领导者能不能反向学习。

投资家查理·芒格跟沃伦·巴菲特一起把伯克希尔哈撒韦打造成了过去几十年全球最成功的投资企业。芒格认为这可以归功于自己和巴菲特擅长反向学习：

> 如果说伯克希尔哈撒韦取得了不错的发展，那主要是因为沃伦和我非常善于破坏我们自己最爱的观念。哪年你没有破坏一个你最爱的观念，那么你这年就白过了。[6]

读到这里，你很可能已经认可了反向学习的重要性。而且产生了这样的疑问：我应该对自己的什么知识进行反向学习呢？

下面，我试着回答你这个问题。

来自学校的隐性课程

每个成年人都有很多存量知识，而这些知识中肯定有一部分是靠不住的，需要反向学习。哪些知识靠不住呢？

每个人的情况都不一样。

但是，我作为一个教成年人的老师，发现大多数成年人存在一个共性：他们关于学习的模式知识需要反向学习。而他们存在这个共性的原因很有些讽刺意味——绝大多数成年人都上过很多年的学。

成年人脑子中那些靠不住的知识有众多来源，包括父母、大众媒体、个人经验、他人传授，等等。但是，有一个重要的共性来源是学校教育。

我这里并不专指某一个国家的学校教育。全世界的学校教育都存在一些共性的问题。我在这里说两个。

其一，学校教的某些知识不全面，甚至是错误的。

数学家乔丹·艾伦伯格说："如果你对数学的了解完全来自学校教育，那么你所掌握的数学知识就十分有限，在某些重要方面甚至是错误的。"[7]如果连数学都是这样，那么其他学科的情况不会更好。

其二，学校教了我们一些错误的学习习惯。

有些学习习惯是学校有意教给我们的，不过绝大多数是学校通过"隐性课程"在无意中教给我们的。这是教育学上的一个专门术语，指的是课程表上没有，但是学校悄悄教给我们的课程。

哲学家、教育学家杜威把隐性课程称为"附带学习"：

也许，教育学上最大的谬误是认为一个人学到的只是他当时有意学习的内容。形成持久态度、让我们喜欢或者不喜欢什么的附带学习，可能会——而且经常就是这样——比所学的单词课、地理课、历史课重要得多。因为这些态度才真正在未来起作用。[8]

杜威指出了附带学习教给我们的态度（即价值观）的重要性。教给了我们什么态度呢？社会学家乔恩·威特指出，其中之一是"鼓励学生接受现状"。

批评家们认为，我们在学校中真正学到的是：应该配合／接受权威，不要批判思考事物，承认社会变革很难——如果不是不可能的话。由此学校造出了一辈又一辈驯良的学生，使他们成为易于管理的员工。[9]

我想强调隐性课程教给我们的一类特别的态度——学习习惯。在学校里学的具体知识我们可能会忘记，但是学习习惯如杜威所说，"真正在未来起作用"，在我们走出校门之后，它仍然继续影响着我们的学习。

小说家村上春树说：

学校就是这样一种地方：我们在学校里学到的最重要的东西，就是最重要的东西在学校里学不到这个真理。[10]

实际情况可能更糟糕：不仅重要的东西没学到，而且学到了一些重要的错误的东西。

有些人读到这里可能会纳闷：学校到底教了我什么错误的学习习惯？我怎么没有感觉到？

这正是成年人对学习习惯进行反向学习的一个难点：很多人都没有觉察到。毕竟，这是学校（以及社会和家长）通过隐性课程，以润物细无声的方式传授给我们的。

小说家大卫·福斯特·华莱士在某大学的毕业典礼上做过一个演讲，以一个小故事开头：

两条小鱼在水里游泳，突然碰到一条从对面游来的老鱼向它们点头问好："早啊，小伙子们。水里怎样？"小鱼继续往前游了一会儿，其中一条终于忍不住了，它望着另一条，问道："水是个什么玩意？"[11]

据说，小说家马克·吐温说过这样一句俏皮话："我从没有让上学干扰我的学习。"看来他很早就觉悟到了"水"是个什么玩意。

而我，曾经的全省高考状元，一个学校教育环境中的"成功者"，觉悟得很晚。我在 30 岁之后，才对自己身上的那些学习上的坏习惯有所觉悟，慢慢开始改变。

所以出于两个原因，我把反向学习的重点设定为一些学习上的坏习惯。

其一就是前面谈到的，它们来自学校的隐性课程，对上过学的成年人都有影响，而且很多人还没有清醒地意识到它们的影响。

其二则基于讲过的学习力第一公式：

学习 = 我知道 + 我不知道

我们学习新知识（"我不知道"），总是以我们的已有知识（"我知道"）为基础。比如说，如果你已有的物理知识靠不住，你就很难有效地学习新的物理知识。不过，你的某些具体知识靠不住，危害还不是那么大。就像刚才举的例子，你的物理知识有问题，只会影响你学物理。但是，如果你关于学习的知识靠不住，尤其是那些根深蒂固的学习习惯如果是错的，就不仅影响你学物理，而且影响你学习一切知识。

所以，成年人反向学习的重点是一些学习上的坏习惯。本书将聚焦在四个坏习惯上，分别是：标准答案思维方式；弥补短板、全面发展；碎片化学习；学用脱节。

下面我就分别讲一讲。

坏习惯一：标准答案思维方式

如果一定要挑出学习上最大的一个坏习惯，那就是标准答案思维方式。

标准答案思维方式认为：所有问题都有一个标准答案，而老师或者课本就是标准答案的掌握者。

重要问题往往没有标准答案

小儿子上小学的时候，有时候会来找我辅导语文作业。后来他不找我了，因为他很快发现，经过我辅导得出的答案跟老师的标准答案经常不一样。如果我当时告诉他，老师的答案其实并不是标准答案，他大概也不会相信我。

后来他上高中了，我才给他讲，世界上有三种问题。[⊖]

第一种问题有正确答案。比如中国的首都是哪个城市？鲁迅生于哪一年？这些是有唯一正确答案的。

第二种问题没有正确答案，属于个人偏好性问题。比如红烧肉好不好吃？西施和貂蝉哪一个更漂亮？

第三种问题也没有正确答案，可能 A、B 两个不同的答案都很好；或者说比较之后，我们发现 A 是更好的答案，但并不能因此就说 B 是错的。第三种问题的例子很多，可以说包括了绝大多数的重要问题。比如，法国大革命的意义是什么？如何更好地预防下一次流行病暴发？好的上下级关系是怎样的？

第一种问题的答案有对错之分。第二种问题的答案没有对错之分，也没有好坏之分。比如你觉得红烧肉好吃，这是个人偏好，无所谓对错与好坏。而第三种问题的答案没有对错之分，但有好坏之分。

⊖ 这三种问题也分别被称为单一体系问题、无体系问题和多体系问题。

不过有时候，第二种问题的答案也有好坏之分。比如你到同学家去做客，同学妈妈做了红烧肉，你觉得很难吃。主人问你好不好吃，你可以说很难吃，这是你真实的感受。

你为了更符合客人的身份，也可以说："挺好的，不过我不太喜欢吃红烧肉。"如果你觉得这样说有撒谎的成分，你也可以说："味道很独特，我有点吃不惯这种味道。"菜难吃是厨师的问题，吃不惯则是自己的问题。

尽管无所谓对错，但后两种回答是更好的回答。实际上，这时候你面对的已经不是第二种问题，而是第三种问题了。

鲁迅写过一篇文章：有人生了儿子，大家去祝贺。有人说这个孩子将来要做大官，有人说这个孩子将来要发大财。但是有个人很特别，说这个孩子将来是要死的。这个人认为自己面对的是第一种问题。的确，只有他的说法是绝对正确的。但是在此时此地，这不是个好答案。他面对的其实是第三种问题。"正确"的答案不一定是"好"答案。

学校教育为第一种问题准备了标准答案，这很正常。

学校主要教第一种问题。学校里的好学生，就是最擅长解决第一种问题的学生。

不正常的是，学校教育针对第三种问题，比如何为法国大革命的意义，如何欣赏一首诗歌，也准备了标准答案。学校里的好学生，也擅长用标准答案来回答第三种问题。

这些并不准确的标准答案，最主要的危害不是这些答案本身，而是悄悄地让我们养成了标准答案思维方式。大多数人在离开学校、进入职场之后，仍然认为：

- 每个问题都有一个标准答案
- 权威（上级或者专家）掌握标准答案
- 掌握标准答案才能在职场上成功

以上三点就是标准答案思维方式的主要内容。绝大多数成年人都受到了它的危害。

另一个坏习惯：被动学习

我之所以在前面说，如果要挑出学习上最大的一个坏习惯，那就是标准答案思维方式，是因为其他很多坏习惯都跟它有关，可以看作它的"次生灾害"。

比如说，标准答案思维方式带来了另一个坏习惯：被动学习。

我先问你一个问题：学习像什么？你觉得学习可以比喻成什么？

这属于刚刚说过的第三种问题，答案没有对错之分，但有好坏之别。

我先呈现一段我跟读中学时的小儿子的对话。

我：传统的学习观认为人的大脑就像是一个碗，学习就是——你说是什么？

小儿子：把水装进去，很快就装满了？

我：是把水装进去，不过这个比喻强调的不是很快就装满了。这样说吧，传统的学习观认为大脑是个容器，学习就是老师把知识放进去。这种学习观有什么坏处呢？

小儿子：所有人学到的都是一样的。

我：这是一方面。还有就是学习是被动的，等着老师放进去就行了。而且知识是固定的，老师放的是什么，学生学到的就是什么。学习是这样的吗？

小儿子：不是。

我：可能有极少数时候学习是这样的，但大多数时候不是。这种传统的学习观可以借助容器来比喻，也有人说可以借助产品来比喻。学习就像去超市买个产品，超市卖什么，买到的就是什么。

这个比喻得换。当然可以换的比喻不止一个。我们先讲这一个：建筑。学习就是建筑，老师可能给你递一块砖、搭个脚手架什么的，但得是谁把房子建起来呢？

小儿子：我自己。

我：对了。老师递的砖、搭的脚手架可能是一样的，但是不同的学生会建起不同的房子。实际上，很多时候，砖都得你自己去找。

这里对比了两种学习观：容器装水式学习观与建房子式学习观。

在容器装水式学习中，学生是被动的，老师把标准答案装到学生大脑中。这种学习观也被称为传递模式或者教授主义（instructionism），中国人称之为填鸭式学习，著名教育家保罗·弗莱雷则称之为"银行储蓄式"学习。

与之相对的学习观被称为建构模式或者建构主义

（constructivism），也就是建房子式学习：学生积极参与，最后搭建出来的是自己的房子。

学习科学家现在的共识是：人们实际学习的过程更像是建房子。他们认为"学习总是在原有知识背景下发生的"，学习者"并不像一个空容器等待被填满"。[12]

然而，学校教育长期使用的是容器装水式学习观。这跟标准答案思维方式是一脉相承的。既然老师掌握标准答案，那么教育的任务就是把标准答案装到学生的脑子里。

刚才讨论的是学习像什么。学校又像什么呢？

很多有识之士都表达了对学校像工厂的担忧。比如，心理学家、社会建构主义的领军人物肯尼斯·格根指出：

学校就像一座工厂，将个体心灵这块原材料打造成一部性能良好的机器。[13]

其实，今天的学校就是按照工厂的模式建立起来的。

被称为"科学管理之父"的泰勒活跃于19世纪末20世纪初，他从当工程师起家，后来成为著名的管理专家。他留给世人的印象是手拿秒表，记录工人每一个动作的精确时间，然后想方设法来提升工人的效率。《管理思想史》

赞誉泰勒的成果"在当时是，现在仍然是，革命性的"[14]。以流水线为主要特征的现代工厂就是泰勒思想的体现。

在 20 世纪 10 年代，"泰勒制"被引入美国的学校教育——设定教育目标，有效管理学习过程，用测验来评定教育成果。然后，"这种制度转瞬之间在全世界推广开来"[15]。

现在你知道了，学校和工厂来自同一个模式。再回到容器装水这个隐喻，可以把学校想象为一个瓶装水工厂：学生是空瓶子，在流水线上整齐地排成一列，老师是流水线上的机器，把规格统一的知识灌装到瓶子里。

学生需要主动做什么吗？不用，等着被"灌水"就可以了。尽管这样说比较夸张，但是，许多学生表现出来的，就是这种被动学习的态度。

又一个坏习惯：单人学习

标准答案思维方式和被动学习这两个坏习惯加在一起，引出了又一个坏习惯：单人学习。

美国的学习科学家观察到：

学校文化经常阻碍了知识的分享——限制学生之间

进行交谈、合作解决问题或完成项目、分享或讨论各自的观点。[12]

提出"翻转式学习"的管理学者阿克夫指出：

给成人提出一个问题时，很少要求他们不寻求帮助或不借助外力就解决问题，而是期望他们能够发现并找到解决这个问题所需要的任何资源。学校里称之为"作弊"的东西，在学校之外的世界里，却是特别受推崇的那种高效使用外部资源的能力。[16]

学校教育不鼓励讨论，根本原因还是标准答案思维方式和容器装水式学习观。不过也还有别的原因。

我举一下自己的例子。我在北大读完本科和研究生，都是自己一个人学习。后来在哈佛大学肯尼迪学院读另一个硕士学位时，有一个指定的学习小组，由四个人组成（其他三个同学分别来自美国、坦桑尼亚、土耳其），不过很快也名存实亡。

我们的学习小组之所以失败，原因很多，其中之一是学校的考核机制。学校考核个人成绩，并以此决定奖学金等"报酬"，所以同学之间实际上是竞争关系，很难真正地互相帮助。

然而，卓有成效的学习者是重视跟其他人讨论的。

著名领导力学者沃伦·本尼斯给我的一本书写过序言，其中谈到他"最有效的学习方式就是跟别人对话"：

我很早就发现，我最有效的学习方式就是跟别人对话。在戏谑、刺激、愉悦的气氛之中，跟睿智之士进行思想碰撞之时，我自己的观点得以形成、更新、打磨。[⊖]

爱因斯坦重视通过讨论来学习。他年轻时就和两个朋友成立了自己的"科学院"。他跟另一位著名物理学家玻尔的讨论更是科学史上的佳话。有人这样评价："在整个人类思想史上，没有什么对话能比尼尔斯·玻尔与阿尔伯特·爱因斯坦在若干年里关于量子含义的对话更伟大了。"[17]

芒格说巴菲特醒着的时候有一半时间是在看书，并"把剩下的时间大部分用来跟一些非常有才华的人进行一对一的交谈，有时候是打电话，有时候是当面……"。

⊖　见沃伦·本尼斯为我的英文著作 Conversations on Leadership（Wiley，2010）写的序言。

中国古代思想家其实非常提倡与朋友一起互动学习。在他们看来，朋友是用来互相学习的。下面引用几句老祖宗的教诲：

> 君子以朋友讲习。(《周易·兑卦》)
>
> 有朋自远方来，不亦乐乎。(《论语·学而》)
>
> 独学而无友，则孤陋而寡闻。(《礼记·学记》)

遗憾的是，这些美好的遗产被我们忽视了。

我在培训管理者的时候，经常观察到以下现象：学员不习惯小组讨论这样的环节，觉得是浪费时间；即使是积极参与的学员，也不擅长利用这样的学习方式，不能把讨论变成真正的互动学习。

成年人可能没有老师，但肯定不缺同伴。同事、朋友，都是可以用来学习的。有多少互动学习的机会被我们浪费掉了呢？

还有一个坏习惯：害怕出错

害怕出错，畏惧失败，这似乎是"人之常情"。但是，这不是天生的，而是教育的结果。

害怕出错也是标准答案思维方式和被动学习延伸出来的一个坏习惯——既然存在标准答案，既然学习就是让老师把标准答案灌输给自己，那么出错就是学习的失败。

几位美国心理学家指出：

在西方文化中，成绩被视作能力的一种象征，许多学生把错误看作失败，想尽一切办法避免出错。教育者可能也强化了人们对失败的厌恶感，因为他们认为，要是允许犯错，学生就会学到错误的东西。[18]

德国心理学家吉仁泽抨击了同样的现象：

不冒险，不犯错，就不会有创新。但是，学校却在培养学生对风险的厌恶情绪，老师不鼓励学生自己去寻找解答数学题的方法，以避免他们犯错。老师会告诉学生答案是什么，然后测试他们能否记住和学会运用公式。学校强调的是让学生为考试而学，尽可能少出错，但这并不是培养伟人之道。[19]

不鼓励犯错，这是全世界的学校教育共有的问题。学生即使在走出校门之后，仍然害怕犯错。他们害怕在工作和生活中失败，而且会害怕一切新事物。

许多人都提出，对于错误和学习的关系，我们需要改变观念。

学习科学家安德烈·焦尔当提倡学习者"可以对错误进行研究"，"甚至应该制定一种错误策略"[20]。

哲学家丹尼尔·丹尼特则认为：从某种意义上讲，犯错不是学习的失败，而是"人们学习或者做出真正创新的唯一机会"[21]。

著名投资家瑞·达利欧提出这样一个公式：痛苦＋反思＝进步。他指出：

如果你能养成一种习惯，面对精神痛苦时能够自动地反思痛苦而不是躲避痛苦，你将能够快速地学习和进化。

……如果你没有经历过失败，就说明你没有努力突破极限，而如果你不努力突破极限，你就不能最大限度地挖掘自己的潜能。努力突破极限有时失败有时成功，但都能带来好处。[22]

达利欧的话，更具体地解释了失败和错误对学习的重要性。我下面再用一个简单的模型把它说得更清楚一些。

　　我们画三个同心圆。最内圈是舒适区，是我们已经掌握了的事物，一般不会出错；最外圈是恐慌区，是大大超越了我们现有能力的事物，所以会让我们恐惧；两者之间是学习区，它提供的挑战超越了我们现有的能力，但又没有超出太远。

　　学习发生在学习区，而不是舒适区。如果你在学校不出错，那是因为你一直在背诵老师给你的标准答案，而那不是真正的学习。如果你在工作中从来不出错，那是因为你一直待在舒适区，真正的学习并没有发生。

　　我们还可以用学习力第一公式来解释这个模型。

　　所谓舒适区，就是"我知道"，舒适区之外的部分，通通都是"我不知道"，但是，只有跟"我知道"紧挨着的那部分"我不知道"，才能跟"我知道"建立起联系，才是学习区。

　　赫伯特·西蒙喜欢说这样一句话：

　　任何值得做的事情都值得糟糕地去做。

　　这句话可以这样解读：值得做的事情往往要求你走出舒适区，因此一开始往往做得不那么好。但是，你做下去就能越做越好。失败不是成功的反义词，而是成功的必经之路。糟糕地做一件事也是成功地做一件事的必经之路。

又一个坏习惯：重视结果而非过程

标准答案思维方式延伸出的又一个坏习惯是：重视结果而非过程。这是因为人们认为把标准答案作为结果来掌握是最重要的，从而忽略了能够自己得出答案（尤其是在没有标准答案的时候）才是真正重要的能力。

重视结果而非过程的表现之一，就是在学校的时候重视成绩而非成长。

我上小学和中学的时候，家长喜欢问我的问题，就是"考了多少分？是班上第几名？"。从这个例子中可以看到，成年人那些坏的学习习惯，不仅仅是学校教育的结果，而是源于包括家长在内的多种因素在起作用。

家长如果关心的是：考了多少分？是班上第几名？那就更可能培养出成绩型的孩子。家长如果关心的是：从这门课中学到了什么东西？搞清楚了哪些问题？那就更可能培养出成长型的孩子。

我们来看家长向孩子提问的其他两个案例。

学习科学家约翰·哈蒂会在吃晚饭的时候问孩子们：
"你们今天的学习得到什么反馈意见了？"[23]反馈在学习
上的作用，是哈蒂的一个研究成果。反馈的核心是"下一
步该怎么做"，这是让学习更加有效的一个重要因素。[24]
关注反馈，就是关注对学习过程的改进。

诺贝尔物理学奖得主伊西多·拉比回忆说，他周围的
大部分母亲在孩子放学回家后都会问一句："你今天学到
什么了吗？"但他的妈妈当年问的却是："拉比，你今天有
没有提出一个好问题？"[25]

首先我要指出，"你今天学到什么了吗"已经是比"你
考了多少分"更好的问题。拉比来自犹太人家庭，住在犹
太人社区，而犹太人是比较重视教育的，也积累了一些有
效的教育方法。所以，拉比所说的大部分母亲问的问题，
不是任何一个社区的大部分母亲能够问出来的。

但是，"你今天学到什么了吗"这个问题，也可能得
到一个只是关注结果的回答。孩子可以回答说，我学到了
一首唐诗，而且可以背诵给你听。但孩子有可能完全不懂
得这首唐诗的内容，不能领会其美妙之处。

而拉比的妈妈问的问题指向有效学习的一个过程——

提问。只要你在提问，你就一定不是在被动学习，而是进入了主动学习的状态。而且，一个好问题往往意味着你进入了建构学习，并开始了互动学习（参见第二章季清华模型部分）。

心理学家卡罗尔·德韦克对固定心智（也译为僵固心智）和成长心智的区分，[26]现在已经广为人知了。所谓固定心智，就是认为智力是不变的，考得不好就印证了自己智力不行，所以很在意成绩；所谓成长心智，就是认为智力是可变的，如果考得不好，不一定是坏事情，因为一方面说明提升空间很大，另一方面也提供了从失败中学习的机会。德韦克认为，拥有成长心智的孩子会有更大的成长空间。而孩子拥有固定心智还是成长心智，跟家长和老师的培养方式有很大关系。

如果孩子考得好，你是夸聪明还是努力？夸聪明，你就更容易培养出固定心智的孩子；夸努力，你就更容易培养出成长心智的孩子。

固定心智和成长心智的说法很有启发性。不过我们不借助这个理论，也可以解释为什么要关注成长而非成绩：因为成绩只是记分牌，成长才是我们真正想要的东西；因为成绩只是过去的、暂时的结果，成长才是未来的、长期的结果；因为看重成绩是短期导向，看重成长才是长期导向。

成绩心智和成长心智的对比，在学校外也无所不在。比如，企业是应该注重利润（成绩），还是注重核心竞争力的提升（成长），或者说持续创造顾客价值（成长带来的成果）的能力？

大多数企业是成绩心智。因为大多数企业经营者也被培养出了重视结果而非过程的坏习惯。

我已经讲了附属于标准答案思维方式的四个坏习惯：被动学习、单人学习、害怕出错、重视结果而非过程。标准答案思维方式这个坏习惯延伸出来"一串"坏习惯，所以说它是最大的一个坏习惯。

坏习惯二：弥补短板、全面发展

弥补短板、全面发展——这是学校教育带给我们的又一大坏习惯。

这其实也可以说是由标准答案思维方式带来的。说得更具体一些，是由这样一个观点带来的：关于学生要成为怎样的人才，是有一个标准答案的——要成为一个全面发展的人才。

被误用的木桶理论

管理上有一个所谓的木桶理论：一个木桶能装的水取决于最短的那块木板的长度。这个理论的结论是：一个团队应该弥补短板。很多人也把这个理论用到个人成长上：一个人要弥补自己的短板。

你很可能觉得弥补短板的主张很有道理，因为学校就是这么教我们的。想象一下：一个高中生，语文考了70分，数学考了90分，老师会让他多花时间学语文还是数学呢？当然是语文！这就是弥补短板。

德鲁克讲过这样一个小故事：他去参加正在上四年级的外孙女的家长会。老师说她除法较差，需要多练。德鲁克想：老师为什么不说，她很爱写作，故事写得很棒，应该多花时间在写作上呢？

德鲁克指出，老师把重点放在学生需要做什么来达到最低要求上，这样做符合逻辑，可以理解。但是如果我们关注的是让人们去学习，这样做会起到反作用，因为：

> 我们知道没有任何东西能比成就更加激励人们，任
> 何东西。因此，我们应该把重点放在孩子和成人的擅长
> 之处。[27]

如果说弥补短板在中小学还有其合理之处的话，那么在大学和工作阶段，就基本上应该被抛弃了。木桶理论也许对组织来说是成立的（组织其实也要重点发展长板而非弥补短板，这里就不展开了）——组织也许更像一个木桶，而个人更像一块需要发展长处的木板。

学习上的二八法则

风险投资家彼得·蒂尔强调幂次法则的重要性。幂次法则指的是统计学上的指数分布，你可以理解为通常所说的二八法则。它的精华是：少数事物创造了多数价值。

这个法则用在风险投资上，就是少数被投资的企业创造了多数价值。用在个人成长上，就是你的少数长处创造了你的多数价值。

蒂尔特别谈到了学校教育在这一点上的危害：

学校教给我们的却恰恰相反：体制化教育传授的是无差别的一般知识。每个身在美国教育体制中的人都没有学会用幂次法则来思考。每所中学不管什么课都一律上 45 分钟，每个学生都以相同的步伐向前迈进。在大学中，模范学生痴迷于学习另类的冷门技能，想以此保证自己的未来发展。每所大学都相信"卓越"，教育部门随意给出的几百页按字母排序的课程表看起来就是为了确保"你做什么并不重要，重要的是你要把它做好"。你做什么并不重要？真是彻头彻尾的错误。你应该将全部注意力放在你擅长的事情上，而且在这之前要先仔细想一想未来这件事情是否会变得很有价值。[28]

蒂尔说"你应该将全部注意力放在你擅长的事情上"，即使"全部"两个字说得太绝对了，我们也至少要将"主要"注意力放在擅长的事情上。我们可以这样在学习上应用二八法则：把 80% 的注意力放在我们擅长的 20% 的事情上。

两个附带的坏习惯

弥补短板、全面发展还有一个附带的坏习惯——满分思维，其表现之一就是认为自己在这件事情上已经做得很好了，接近满分了，所以提升空间不大。但是现实社会中是没有满分的，你越擅长的事物，提升的空间往往越大。

弥补短板、全面发展还带来另一个坏习惯：不会规划自己的学习。

达利欧在高中时成绩不好，平均成绩是 C，所以只上了一所不起眼的大学，而且还有试读期。但是，达利欧在大学里成绩变得很好。他说原因是"因为我能学习我感兴趣的东西，而不是强塞给我的东西"。

达利欧很幸运，因为很多人在长期学习被强塞的东西之后，已经不知道自己对什么感兴趣了，即使有了可以自主选择的机会也不会选择了。

我在哈佛大学读书时就有过这样的经历。开学的时候需要选课，选择太多。我记得另一个中国同学向我诉苦：我们从来没有过这么多 options（选择）！

我读中学时从来没有选课这个说法。在北大读本科和研究生时，绝大部分课程都是必修课，选修课是极少数，而且选择的范围很小。

我们习惯了由学校（也许还有父母和老师）安排我们

的学习，久而久之，我们不仅没有能力，而且也没有了兴趣来安排自己的学习。

这是弥补短板、全面发展的附带危害。弥补短板要求所有人都学到一样的水平，而发展长板则要求每个人围绕自己的长处学习，这就必然要求自我安排学习。

这也跟标准答案思维方式有关系。学校认为：你学哪些课程以及怎么学都是有标准答案的，而且学校掌握这个标准答案，所以由学校安排就好了。

学习科学家把擅长规划自己学习的人称为自我调节学习者。自我调节包括规划，也包括组织、监控等。自我调节学习者给自己设定学习目标，监控自己的学习进度，根据收到的反馈调整自己的学习活动。[29]

熟悉管理学的读者不难看出，所谓的自我调节学习，其实就是对自己的学习进行管理。而对自己的学习进行管理，就是通常所说的自学。

思想家梁漱溟只上到中学，却被蔡元培聘请到北京大学任教，靠的就是自学。梁漱溟说：

一切有师傅教导的人，亦都非自学不可。……任何一个人的学问成就，都是出于自学。学校教育不过给学生开一个端，使他更容易自学而已。[30]

令人遗憾的是，学校教育往往是让学生更难以自学。

坏习惯三：碎片化学习

成年人还普遍存在一大坏习惯：碎片化学习。这在很大程度上要"归功"于学校教育。学校教了一大堆知识的碎片，让我们误以为学习就应该是碎片化的。

《剑桥学习科学手册》指出，真正有用而且能够促进智力发展的是"深层知识"：

当学习科学家深入到课堂时，他们发现学校教育并没有教授旨在促进智力发展的深层知识（deep knowledge）。早在 20 世纪 80 年代，认知科学家就已发现，当学生学习深层知识并且清楚在真实世界和实际情况中如何运用这些知识时，知识会在学生头脑中保持得更持久，他们也能够将这些知识运用到更广泛的情境中。

可是，学校教的是"澳大利亚的首都是堪培拉""法国大革命发生于 1789 年""水的分子式是 H_2O"这样的知识碎片。学生并不知道如何在实际中运用这些知识，也不知道如何在知识与知识之间建立联系。

《剑桥学习科学手册》中的表 1-1 比较了深层学习（深层知识的学习）和传统的课堂实践。

表　1-1

深层学习（认知科学的发现）	传统的课堂实践（教授主义）
深层学习要求学习者在新旧知识、概念、经验间建立联系	学习者没有在课程材料与他们的原有知识之间建立联系
深层学习要求学习者将他们的知识归纳到相关的概念系统中	学习者将课程材料视为不连贯的知识碎片
深层学习要求学习者寻找模式和基本原理	学习者记忆陈述性知识和程序性知识，却不理解为什么要这么做，也不知道怎么做
深层学习要求学习者评价新的想法，并且能将这些想法与结论联系起来	学习者遇到不同于课本中所讲述的问题时，不知如何解答
深层学习要求学习者了解对话的过程，对话的过程就是知识产生的过程；还需要学习者能够批判地检查论据的逻辑性	学习者将陈述性知识和程序性知识视为静态知识，认为这些知识只来自权威著作
深层学习要求学习者对其理解及学习的过程进行反思	学习者仅仅记忆知识，并没有对目的和学习策略等进行反思

那么，学校为什么不教学生深层知识呢？我们可以想到很多原因。比如，大多数老师是否有这样的能力？分门别类的学科是不是影响了在不同学科的知识之间建立联系？

原因可能很多，我想强调其中两个。

首先，这跟前面讲到的弥补短板、全面发展的坏习惯有一定关系。因为要面面俱到，就只能学习一些表面的碎片。

其次，学校建立在这样一个基本假设上：我现在教你的东西是不期望你应用的，至少不期望你在可预见的将来就应用，所以你能不能深刻理解这些知识并加以应用，我是不太关心的。

活跃于 19 世纪末、20 世纪初的杜威看到，当时的地理教学是"以人们常见到的互不相干的碎片这种大杂烩的方式呈现自己"，他指出：

地理不应该只是这里山脉的高度、那里河流的流域、出产于这一小镇的砂石量、那一小镇的船舶的吨位、国家的疆域和国家的首都。

地理教学应该让学生思考这样的问题：为什么这些人会成为商人？什么原因可以解释三条河流的交汇处的大城市的发展？还有什么别的原因影响这类城市的发展？海浪和海风与人类活动有什么关系？为什么我们在山脉的一侧

看到农业的繁荣，而在山脉的另一侧却不是如此？[31]

一个世纪过去了，现在情况好了一些，但是正如《剑桥学习科学手册》所指出的，情况并没有发生实质上的改变。我们在学校学习碎片知识，而走出校门之后，多数人不再学习，那些还在继续学习的少数人，主要在做知识碎片的收藏者。

坏习惯四：学用脱节

学用脱节是我们在成年人身上很容易观察到的一个学习上的坏习惯。这个坏习惯有两个方面的体现：一个是学而不用，另一个是学而乱用。

学而不用

我先说说学而不用。前面已经谈到，学校并不期望你在生活中使用它教你的知识。因此，学校帮助我们养成了空谈知识、学而不用的坏习惯。

《论语》的第一句话是：学而时习之，不亦说乎。这句话告诉我们，学习其实分为"学"和"习"两个部分。现在大家通常理解的学习，其实只是学的部分。习这部分常常被忘记了。

什么是习呢？习是实习、练习，就是用。《论语》第一句话的意思是：学而且在适当的情境中应用，真开心啊！

荀子也在《儒效》中说："不闻不若闻之，闻之不若见之，见之不若知之，知之不若行之。学至于行之而止矣。"荀子也强调，学的最高境界就是行动。

古人懂得的这个道理，到今天却有失传的危险。空谈知识的现象随处可见。

我曾经有个热心读者H，号称在追随我学习领导力，甚至影响了其他一些人来读我的书。但我发现，尽管他可以侃侃而谈我提出的一些概念，但是他理解得并不深刻，甚至都说不上理解到位。为什么呢？

后来我发现了真正的原因：他根本没有想过要在实际的工作和生活中应用这些概念——尽管作为一个企业管理者，他有很多机会可以应用。

在H的"启发"下，我发明了一个概念——学习上的

"天文学家"。我的意思是说：我本来教的是管理学，但是被他学成了天文学。他听我讲的知识，就好像听火星上发生的事情一样，不认为这跟他的实际有什么关系。他像讨论天文学一样讨论我教的领导力知识。

还有一个学员学习了我的线上学习力课程后这样留言：刘老师讲得太好了，应该让学校里的老师们都学学这些知识。

我的答复是：如果你觉得这些知识好，应该想，我可以怎么用到自己身上？而不是去想这种可能是教育部部长才该想的事情。

这个学员同样是学而不用，尽管他的"症状"比 H 的更轻一些——这个学员想到了用，只不过想到的是别人用而不是自己用。可是别人怎么用其实跟你无关，所以他仍然是在空谈。

学而不用给学习带来两个问题。第一，你没有"习"，没有能够学以致用。第二，你"学"得也不会很好，因为你没有"用以致学"，对所学的并没有深刻理解。

毛泽东说过这样一段话：

　　读书是学习，使用也是学习，而且是更重要的学习。从战争学习战争——这是我们的主要方法。[32]

　　这就是在说"用以致学"。如果你真正掌握了关于战争的某个理论，就必然掌握了这个理论在具体情境下的应用。不去实际应用的话，是难以真正掌握抽象的理论的。

学而乱用

　　大多数人学而不用，还有些人学而乱用。前面举的学习海底捞发眼镜布的那个例子，就属于学而乱用。

　　有些企业家或者管理者，很喜欢出去"学习"，而且学习回来马上就用，结果往往是学而乱用。当然也有用对了的时候，那很可能是瞎猫碰上死老鼠。

　　有人之所以学而乱用，是因为没有人真正教过他们"从学到用"应该是怎样的过程。

　　学而乱用，跟前面讲到的两个坏习惯密切相关。一个是碎片化学习，自己学到的东西只是碎片，而不是能把握事物本质的深层知识。另一个是标准答案思维方式，把学到的知识当作放之四海而皆准的标准答案。

反向学习的好消息和坏消息

对于学习上的这四个坏习惯，我们需要反向学习。我对此有三个好消息和一个坏消息。

第一个好消息：对照清单

先说一个好消息：你已经知道了要改掉哪些坏习惯。前面讲到的坏习惯，你不一定都有。即使你觉得都有，严重程度应该也不一样。

所以，第一个好消息是：你现在有了一个清单，可以用来对照自己，找出自己症状比较严重的那几个坏习惯来。

有些坏习惯，我们之所以没有改，是因为不知道它们的存在。如果你知道了，就会马上改掉。比如，你吃完饭后，嘴角上沾了一颗饭粒，如果你意识到了它的存在，就会马上把它抹去。又比如，你的电脑感染了病毒，你发现了就会马上使用杀毒软件清除它，如果有必要的话，可以把硬盘格式化。

所以，知道自己有哪些坏习惯，是反向学习的第一步。

一个坏消息：遗忘很难

不过，我要告诉你的坏消息是：这些学习上的坏习惯已经渗透在你大脑里了，要改掉它们，不像抹掉一颗饭粒或者把硬盘格式化那么简单。

反向学习是有意识地去遗忘，但是这很难。

古希腊的西摩尼得斯（据说是记忆术的发明人）要把记忆术传授给一位雅典政治家，却被拒绝了。这位政治家说："不要教给我记忆术的方法，还是教我遗忘的方法吧。因为我记住了自己不愿记住的事情，却不能把自己希望忘记的事情忘掉。"[33]

认知科学家有这样的观点：大脑不可能真正遗忘什么事情。一旦它们进入大脑，就会一直在大脑里。那些你无意中遗忘了的事物，只是暂时没有想起来而已。在特定的情境下，它们完全可能被唤醒。

况且，这些学习上的坏习惯不是单个的知识点，而是一些心智模式，是成套的知识体系。它们不仅彼此交织在一起，而且还跟其他一些知识体系也交织在一起。同时，我们每天都在实践它们，帮助它们在大脑里刻下更深的印迹。相比那些单独的、不影响我们行为的知识点，它们更难被遗忘。

第二个好消息：用加法做减法

现在，我告诉你第二个好消息：我们可以通过培养新习惯来改掉旧习惯。坏习惯可能很难被遗忘，但是可以被替代。

反向学习是减法式学习。在数学上，如果要减去一个数，我们可以加上这个数的相反数。我们可以通过做加法来做减法。与此类似，对于那些学习上的坏习惯，我们可以培养与之相反的好习惯来替代它们。

比如说，标准答案思维方式是个坏习惯，要想直接擦除它几乎是不可能的。但是，可以培养参考答案思维方式这一新习惯来替代它。

同样，我们可以用聚焦这一好习惯来替代弥补短板、全面发展这一坏习惯，用模式化学习来替代碎片化学习，用深层迁移来替代学用脱节。

刚刚提到的四个好习惯（参考答案思维方式、聚焦、模式化学习、深层迁移），加上反向学习，就是本书的主要内容——学习力的五项修炼。

这五项修炼不是并列的关系。第一项修炼反向学习主要指清除四个坏习惯，而后四项修炼则是用来替代坏习惯的好习惯。因此，第一项修炼与后四项修炼之间既是反与正的关系，又是总与分的关系，而后四项修炼之间则是层层递进的关系。

为什么说反向学习是一项"修炼"？因为旧的坏习惯会负隅顽抗，替代它们将是一个漫长而艰难的过程。而要成功地进行反向学习，就必须进行其他四项修炼。

第三个好消息：使用口诀

第三个好消息就是我为你准备了一句口诀，帮助你进行反向学习这项修炼。

我以前的"主营业务"是讲领导力，提出了领导力的十项修炼。我后来又提出了配套的十句口诀，很受欢迎。所以，这次我也为学习力的五项修炼准备了配套的口诀。

学习力的口诀主要以问题的形式出现。因为学习在很大程度上就是思考，而根据杜威的说法，思考就是提问[34]。

反向学习的口诀

我为反向学习准备的口诀是这样一个问题：

我要改变什么？

这个问题的应用范围很广。如果我们只是局限于本章的内容，那这个问题的具体展开就是问自己：

我有哪些（本章列出来的）学习上的坏习惯？它们的具体表现是什么？我应该怎么改变？

这个问题还可以延伸到更为广义的反向学习中，主要的应用场景可以概括为两种。

一种场景是你经历了大大小小的失败。比如，你错失了一次晋升的机会，或者是恋人刚刚离你而去，或者是搞砸了一个项目，或者是丢掉了一个大客户……这时候你可以问自己：我要改变什么？

你还可以问得更细一些。你问自己：

这个失败的根源，是不是某个已经在我头脑中根深蒂固的观念？这个观念我一直以为是对的，但它有可能是错

的，它不仅导致了这次的失败，而且还带来了（之前被我忽视了的）其他负面影响。这个观念我如果改掉，可以给我带来哪些巨大的变化？我想要改掉这个观念，会遭遇哪些内心的阻碍？

另一种场景则是作为定期反思。比如，每过三个月，你坐下来问自己：

我现在的哪些行动，在以前可能是行之有效的，但是现在需要改变了？这些行动背后的观念是什么？这些观念是否还带来了其他的错误行动？我应该怎么改变这些观念？

显然，在第一种场景使用这个问题更容易一些，因为在失败之后，我们更容易"幡然醒悟"，正所谓"吃一堑，长一智"。所以，在第二种场景问"我要改变什么"，是更加高级的反向学习。

使用这样的口诀有两方面好处。一方面，这些口诀可能直接起到了思考工具的作用，让你直接就有收获，像是一撒网，你就捕到了鱼。另一方面，这些口诀即使没有带来立竿见影的结果，也起到了路标的作用，为你指明了一个富于宝藏的方向。比如，你问"我要改变什么"不一定能直接让你得出结论，但它让本章重点讨论的四个学习上的坏习惯浮现出来，而你仔细省察之后，从中找到了答案。

好，关于学习的"破"就讲到这里。不破不立，要打破旧习惯才能建立新习惯，所以第一项修炼是反向学习。但是它反过来也是成立的，不立不破——只有真正建立起新习惯才能完全打破旧习惯。下面，我们就进入建立新习惯的修炼。

| 第二章 |

参考答案思维方式

UNLEARNING

The Five Disciplines
of Learning

大多数成年人都多多少少被标准答案思维方式所困。我们迷信书本、专家、大师，期待他们提供标准答案。

　　塞缪尔·早川这样描述具有标准答案思维方式的人：

　　由于并不知道所有事物的答案，所以他们总是感到焦虑，总是想要找到一个能够永远消除他们焦虑的答案……倘若他们是受过教育的人，他们会从一个心理分析学家那里转到另一个心理分析学家那里，倘若他们没有受过教育，他们会从一个算命先生那里转到另一位算命先生那里。

　　而具有参考答案思维方式的人则是这样的：

- 认为重要的问题没有标准答案，只有参考答案
- 专家和权威所掌握的也只是参考答案

- 需要学习其他人的参考答案，尤其是那些精彩的参考答案

- 需要在学习其他参考答案的基础上，建构自己的答案

- 自己的答案也不是标准答案，而是可以修正且需要修正的参考答案

这些就是学习力的第二项修炼——参考答案思维方式的要点。具体怎么修炼呢？我教给你一句口诀和六个策略。

一句口诀：看情况

我先教你一句参考答案思维方式的口诀，三个字：看情况。如果说有一个简单的途径来培养参考答案思维方式，那就是嘴上多说看情况，脑子里多想看情况。

我问你：激励一个下属的最好方式是什么？我再问你：赞扬更有效还是批评更有效？我再问你：什么样的上司是好上司？

你会怎么回答呢？你有没有想过，对所有这些问题，"看情况"可能是更好的回答呢？

我在前面提到过，看情况是一个万金油式的回答。实际上，这三个字是如此重要。我在《刘澜极简管理学》一书中提出了"刘澜管理问题第一法则"：

所有的管理问题都只有一个标准答案——看情况。

身为投资家的芒格经常需要判断一家企业是否有前途。他不认为有固定的标准帮助他做判断，他说：

遇到不同的公司，你需要检查不同的因素，应用不同的思维模型。我无法简单地说："就是这三点。"

芒格其实就是在说："看情况。"

我开始研究学习力之后，发现"看情况"不仅是一句管理口诀，更是一句学习口诀，可以用在绝大多数跟学习相关的场景中。

但是你不能只会机械地背诵这三个字。你必须经得起追问：怎么看情况？

比如我问：激励下属的最好方式是什么？你回答说：看情况。那么我再追问一句：怎么看情况？这时候你会怎么回答呢？

有没有真正掌握"看情况"这句口诀，要看你能不能回答"怎么看情况"的追问。

下面，我介绍参考答案思维方式的六个策略，它们能够帮助你回答"怎么看情况"。

策略一：洞见分类

参考答案思维方式的第一个策略是洞见分类。要真正做到看情况，往往需要引入洞见分类。

我先说说分类的重要性，然后再说洞见分类。

看情况的关键是分类

所谓分类，就是把事物分成不同的情况，然后看情况进行相应的处理。

比如说，上级该怎么领导下属？应该严厉还是温柔？应该只谈工作还是也要关心生活？答案当然是看情况。要看哪些情况呢？要看具体这对上下级关系的情况，要看上级的情况，要看下属的情况，要看任务的情况……

看情况的关键是分类。我们要接着思考：上下级关系可以分为几类？这对上下级的关系属于哪一类？上级可以分为几类？这个上级属于哪一类？下属可以分为几类？这个下属属于哪一类？任务可以分为几类？他们所面临的任务属于哪一类？

这种看情况的思维方式，在管理学中被称为权变学派。权变学派中有一个情境领导力理论，把下属按意愿和能力两个维度分为四类，然后分别提出四种领导方式。情境领导力理论是企业界最为流行的领导力理论之一。它只考虑了四种情况，其实并不准确；但如果它考虑太多情况，就会因为太复杂而难以流行了。

管理学也曾经有过不看情况、追求唯一标准答案的"黑历史"，就连管理大师德鲁克也曾经认为怎么激励人是有标准答案的。后来，心理学家马斯洛向德鲁克指出这个问题没有标准答案，德鲁克很有风度地承认自己错了。

马斯洛提出的需求金字塔也是在分类——分出五种不同类别的需求（生理需求、安全需求、社交需求、尊重需求和自我实现的需求）；有着不同需求的人需要不同的激励方式。

我们可以想象，马斯洛把需求金字塔拿出来，告诉德鲁克：员工可以分为五类，他们处在不同的需求层次上，对他们的激励，是要看情况，按他们的不同类别来进行的。

从常见分类到洞见分类

情境领导力理论把下属按意愿和能力分为四类，马斯洛把人的需求分为五类，这都是我所说的"洞见分类"。你要注意，我们一般不把人这么分类。

我们在日常生活中，一般把人分为男人和女人，或者儿童、少年、青年、中年和老年，或者按职业分类，或者按教育程度分类。这些分类，我称为"常见分类"。你在统计年鉴里看到的各种分类，都是常见分类。

常见分类是按一些比较明显的客观标准分类。这样的分类往往没有把握住事物在特定情境下的本质。因为这些客观标准往往只是事物的表面特征。

而洞见分类在特定情境下往往更管用。它穿透了事物的表面特征，把握了事物在此情此境之下更为重要的那个本质。

比如人们常常把问题分为封闭式问题和开放式问题，这是个常见分类。而第一章里提到的三种问题则是一个不常见的洞见分类。但是在我给小儿子讲那些道理的情境下，那三种问题才是更本质的分类。

洞见分类的三个特点

我再举一个洞见分类的例子，并用这个例子来说明洞见分类的三个特点。

比如说，怎么给 MBA 学生分类？

你当然可以把他们分为男生和女生；他们来自不同的行业，所以你还可以按行业分类；他们来自不同所有制的企业，所以你还可以按企业分类；你还可以把他们按学习成绩分类；还可以按学习的认真程度分类；还可以按学习目的分类：来学知识的、来交朋友的、来拿文凭的……

这些分类方法基本上都是常见分类。最后一种接近洞见分类，但仍然不是。

管理学者明茨伯格使用一种包含两个维度的分类法：是否有对生意的激情；是否有对管理的渴望。前者指从资源中获取最多的东西，后者指让人们发挥最大的能量。[1]前者可以简单理解为赚钱，后者就是管人。

这两个维度把 MBA 学生（也可以扩展到更广泛意义

上的管理者）分成了四类：

- 第一类既有对生意的激情，又有对管理的渴望，他们适合在大企业从事管理工作
- 第二类只有对生意的激情，没有对管理的渴望，他们适合从事交易工作，或者经营自己的小生意
- 第三类没有对生意的激情，却有对管理的渴望，他们适合在公共部门或社会部门从事管理工作
- 第四类既没有对生意的激情，也没有对管理的渴望，他们适合当研究者，或者从事其他工作

明茨伯格的这个分类就是我说的洞见分类。

与常见分类相比，洞见分类有这样三个主要特点。

第一，洞见分类是主观的。

常见分类往往基于更外在、更明显的特征，因此会显得更客观。而洞见分类则基于更内在、更抽象的特征，因此显得更主观。洞见的英文为 insight，是看到"里面"（in）的"眼光"（sight）。洞见分类要看到事物的本质，而这更依赖于人的主观判断。

就刚才那个例子而言，对生意的激情和对管理的渴望

这两个维度是主观的，是难以一眼看出来的。

第二，洞见分类是理想的。

一般说来，把一个具体事物归入某个常见分类很容易，而归入某个洞见分类很难。洞见分类呈现的是所谓的"理想类型"，而现实生活中的具体事物往往是不止一个理想类型的混合体。

就刚才那个例子而言，可能极少数 MBA 学生能够"完美"归入四个理想类型之一，但是绝大多数应该不是这样。

第三，洞见分类是本质的。

我们可以把管理者分为基层、中层、高层管理者，或者来自国企、私企、外企的管理者，或者来自大企业、小企业的管理者，但是，这些常见分类没有抓住他们作为管理者的本质特征。

而上面的四个理想类型看到管理者更"里面"的本质，对实践的指导意义也更强。它们帮助管理者思考：我更适合什么样的工作？它帮助管理者的上级思考：我应该把他放到一个什么样的工作岗位上？

这个洞见分类尤其适合 MBA 学生。他们中的大多数已经是管理者，但是读 MBA 也意味着他们希望在职场上有更大的发展，还有很多人希望借此实现职业转换。我适合从事什么样的工作？这个问题对他们特别重要，而洞见分类在这个问题上可以有很大的启发。

抓住本质是洞见分类最核心的特征。洞见分类主要通过选择少量的核心分类维度来做到这一点。

洞见分类往往使用不止一个维度，使用一个维度会过于简化；但也不会使用太多，那样会失去重点。

使用两个维度的 2×2 的矩阵模型是最常见的洞见分类。这两个维度应该既彼此兼容，互不排斥，又不可彼此替代。用统计学术语来说，就是相关性低，或者说呈正交关系。

需要指出的是，任何一个洞见分类都不是标准答案。因此，我们可以使用不同的洞见分类来考察同一事物。

改造二元对立的分类法

在日常生活中，我们习惯了二元对立的两分法：好人与坏人、上升与下降、赢利与亏损……

一般说来，二元对立的两分法不是洞见分类。它只使用了一个维度，看问题比较片面，而且往往带有标准答案思维方式的成分（认为对立的某一面，如好人与坏人中的好人，是正确答案）。

我们可以用三个方法来改造两分法。

第一个方法是把二分法变为多分法。

二分法只考虑了对立的两个极端，多分法则是把这两个极端连成一条线。比如，把好人和坏人连成一条线，你就会发现，在"100%的好人"和"0%的好人"（也就是坏人）之间，还有很多不同的情况，比如有"99%的好人"和"1%的好人"。

在前言中，我把参考答案思维方式变成两个阶段，就是用多分法改造了标准答案思维方式和参考答案思维方式的二分法。

第二个方法是引入另一个维度。

二元对立只考虑了一个维度。即使变为多分法，也是只考虑了一个维度。如果引入另一个同样重要但是相关性不强的维度，就有可能把二分法变成了洞见分类。

比如，评估员工的一个重要维度是个人业绩，我们是否也应该考虑员工在团队中起到的作用呢？评估企业的一个重要指标是盈利能力，我们是否也应该考虑其他重要指标，如市场占有率、客户满意度和市场潜力呢？

第三个方法很特别，就是把原来的二元对立变成兼容的两个维度。

比如，阳刚和温柔往往被视为二元对立。即使我们用刚才讲过的第一种方法，把两者连成一条线段，它们也是在线段的两个端点上。如果我们认为它们不是对立的二元，而是可以兼容的二元呢？我们就可以把人从二分法（阳刚者与温柔者）变为四分法：

- 兼具阳刚与温柔的人
- 阳刚而不温柔的人
- 温柔而不阳刚的人
- 既不阳刚又不温柔的人

心理学家已经发现了这个四分法的实用价值，比如用来回答哪两种人在一起谈恋爱比较合适这个问题。如果你猜是阳刚而不温柔的人和温柔而不阳刚的人的话，那就大错特错了。他们之间完全缺乏共鸣，其实是最不合适的！[2]

又比如，朋友和敌人往往被视为二元对立。如果我们认为他们是彼此兼容的二元呢？这样，原本的两分法（不是朋友就是敌人）变成了四分法：

- 友敌
- 单纯的朋友
- 单纯的敌人
- 非友非敌

我们很少有单纯的朋友或者单纯的敌人，非友非敌之外的大多数关系，似乎都可以归为"友敌"。友敌还可以细分为两类：同时是朋友和敌人的人；有时是朋友、有时是敌人的人。用这个视角看关系，有没有给你带来新的启发呢？

刚才讲到的三个方法之中，第二个和第三个方法更可能把二元对立改造为洞见分类。

在学习上使用洞见分类

洞见分类是培养参考答案思维方式的一个主要策略。我们学习的时候，读到、听到的大多是貌似通用的结论。首先我们应该告诉自己：这些结论不是标准答案，而只是在特定情况下成立的参考答案。然后，我们拿出一个（或者不止一个）洞见分类模型，来确定这个貌似通用的结论的适用范围。

我举一个例子。

我提出的领导力口诀之一是：你觉得呢？我建议上司对于下属提出的问题，不要直接回答，而要启发下属自己思考，反问：你觉得呢？[3]

你需要注意，这只是一个参考答案，尽管很接近于标准答案，可以称之为"标准参考答案"，但它仍然不是放之四海而皆准的。你需要使用洞见分类来确定其适用范围。

你可以把关于沟通或者上下级关系的现成的洞见分类拿来试试。比如想一想：上下级关系可以分为哪几种？在哪一种关系中更适合使用"你觉得呢"？

你还可以试着自己创造一个洞见分类。"你觉得呢"是要启发下属自己得出答案，显然在任务很紧急时不适用。所以我们有了一个新维度：任务是否紧急。紧急的任务不能用，不紧急的任务可以用。

还可以考虑答案的确定性。如果答案很确定，问"你觉得呢"的必要性不强，对方甚至可能认为你是在嘲讽他。比如下属问：上个月的报告应该什么时候交？如果你问"你觉得呢"，很可能不合适。反过来，答案不确定的情况下，问"你觉得呢"可以起到倾听、探讨、教导等积极作用。

我们按任务是否紧急、答案是否确定把问题分为四类。其中，任务不紧急、答案不确定的，适用"你觉得呢"。任务紧急、答案确定的，可以直接给出答案。

还可以考虑下属的状况（比如能力和意愿的情况），上下级关系的状况，等等。这些都是可能的维度。

我们建构的这个分类到底有多少洞见呢？不好说。但这是你变得越来越有洞见的起点。你带着自己的洞见分类去学习，去跟其他人的洞见分类做比较（参见第四章关于模式比较的部分），你就会越来越有洞见。

三步回答一切问题

掌握了洞见分类，我们还可以通过三个基本步骤，回答几乎所有实际问题。

我先说这三个步骤是什么。

有人来问一个问题，你首先回答：看情况。这是第一步，也是最容易的一步。

然后回答：关于这类问题，一般分为这样几种情况。这是第二步，你要拿出一个洞见分类来。这一步就没有那么容易了。

最后回答：现在，我们来看看你的情况属于上面所说的哪一种情况……这是第三步。一般有了第二步，这一步就很容易了，但是有时候也不见得。

下面举两个例子。

例一，许多人读 MBA 是为了多一块转换职业赛道的敲门砖，有时候他们会来征求我的建议：我适合那家企业吗？我适合创业吗？我想去金融业发展，能成功吗？

回答这个问题的第一步是说：看情况。

然后是第二步，说：这可以分为四种情况（然后介绍明茨伯格的洞见分类）……

最后是第三步，说：现在，我们来看看你的具体情况……

这个问题的第三步比较复杂。洞见分类呈现的是理想类型，而一个具体的人，在很多时候是难以完全归入某一个理想类型的。这里需要更细致的具体分析。

如果一个洞见分类不管用，我们可以从第三步回到第二步，引入另一个洞见分类。

例二，假设有管理者来征求建议：我现在应该重点学习并提升哪方面的能力？

第一步就是回答：看情况。

第二步你需要拿出一个洞见分类来。之前讲过的管理者三大能力模型，就可以用在这里。你说：这可以分为三种情况。对于高层，最重要的是概念能力。对于基层，最重要的是技术能力。对于中层，人际能力相对重要一些。

第三步，你说：现在，我们来看看你的具体情况……

你在实际进行"三步回答一切问题"的时候，很可能会卡在第二步上，脑子里一片空白，找不到一个合适的洞见分类。还有一种可能：脑子里只有一个洞见分类，而这个分类不管用（那这个分类可能说不上有什么洞见）。

学习的时候也一样。学到一个知识，想要确定它的适用范围，但是找不到合适的洞见分类。怎么办呢？

最根本的解决办法是通过聚焦（见第三章）和模式化学习（见第四章）这两项修炼，在你的大脑中积累自己的洞见分类。

你不妨用这三个步骤来做一个练习。在《爱因斯坦传》中有这样一段话：

对那些懒于思考、只想填满笔记本然后为考试而背诵的人来说，他不是个好老师；但是那些真心诚意想要踏踏实实从底层逻辑开始培养物理学思维的人，想要通过深思熟虑发现问题的假设和陷阱的人，就会发现爱因斯坦尽管不善辞令，却是一流的老师，因为他们想要的都体现在他的讲课中，他推动学生跟他一起思考。

请问：你认为爱因斯坦是个好老师吗？

策略二：标准参考答案

前面已经提到了标准参考答案的概念。这其实是培养参考答案思维方式的另一个策略。

洞见分类策略是通过分类，找到不同情况下的解决方案，然后确定在某个特定情况下最准确、最管用的参考答案。而标准参考答案策略则认为有一个答案在大多数情况下都比较准确、管用，因此在很多时候没有必要分类，直接用这个答案就好了。

也就是说，标准参考答案是"看情况"的一种特殊形式，"看"的是在绝大多数"情况"下都比较管用的那个答案。它在绝大多数情况下都比较管用，所以接近"标准"；但并非在所有情况下都管用，所以仍然仅供"参考"。

三个标准参考答案的例子

本书中已经出现过三个标准参考答案。

第一个是"看情况"。这三个字可以用来回答一切问题。它显然不够准确。它没有告诉你具体怎么看情况。

第二个是"三步回答一切问题"。这是对看情况这个标准参考答案的细化。它把看情况作为其中一步，后面还有两步：用一个洞见分类来一般性地看情况，最后再看当事人的具体情况。

这个方法比"看情况"三个字更复杂也更管用了，但是面对某一个具体的问题，它依然不是完全准确的回答。它提供了比较明确的路标，而不是准确的导航路线。

第三个是领导力口诀"你觉得呢"。上级面对下属来请示的绝大多数场合，都可以用这四个字来回答。

显然，这个答案也不准确。前面已经分析过，它不是在所有这样的场合都适用。即使在那些适用的场合，只说这四个字也往往是不够的。

如何回答二选一问题

我再讲一个标准参考答案的例子。

在一个职场招聘类电视节目上，面试官问了求职者这样的问题：你更愿意跟比你能力强的人共事，还是更愿意跟需要你的人一起共事？

如果我没有记错的话，那个求职者当时选了其中之一，而很多面试官认为应该选另一个。其实不管他们选哪一个，都很可能不是一个好答案！

你要注意，你一般不会遇到这样的二选一问题——上级问你："今年的年终奖有两个选项，20万和30万，你选哪一个？"二选一问题之所以会被提出来，就是因为它的两个选项往往都有值得看重的地方，并没有明显的优劣之分。你选其中任何一个，都是有得有失。

所以，对于如何回答二选一问题，我有一个标准参考答案，那就是不要二选一！

这个标准参考答案同样不够准确。首先，有些二选一问题是可以二选一的。而且，对于那些适用这个回答的二选一问题，这个回答依然不准确：它只是告诉你不要怎么回答，并没有教你具体该怎么回答。具体该怎么回答呢？面对每个二选一问题，回答当然是不一样的。

那么，怎么回答刚才那个二选一问题呢？我提供两个答案供你参考。一个是我小儿子的答案，另一个是我的答案。

我拿刚才那个问题问过我的小儿子，当时他还在上高中。

他没有马上回答，而是反问我：这是家大公司还是小公司？

我说：电视节目里没有说。

他说：那我这么回答。如果是小公司，我选择跟需要我的人共事。如果是大公司，我选择跟比我能力强的人共事。

他接着解释：小公司人少，需要每个人都发挥作用，所以我需要被需要……

他没有二选一，他的回答相当于说"看情况"，而且具体说了怎么看情况。这个回答跟那个电视节目里出现的回答相比，已经是更好的回答了。

他其实使用了"三步回答一切问题"的前两步。既然这个方法可以用来回答一切问题，那当然也可以用来回答二选一问题。

不要二选一的一种做法就是像我的小儿子那样——看情况。界定不同的情况，在某些情况下选其中一个，在另外一些情况下选另一个。

不要二选一还有另一种做法。比如说，我打算这样回答上面那个问题——"我都愿意。跟比我能力强的人共事，我可以学到东西。跟需要我的人共事，我可以做出贡献。"

我还打算加上这么一句："其实，我认为这两者并不矛盾。每一个同事，都在某些方面能力比我强，也都在某些方面会需要我。所以，跟任何一个人共事，我都应该努力做出贡献，也都可以学到东西。"

这种做法就是两个都要。我前面说了，二选一问题的两个选项都有价值，不然就不值得问这个问题。既然都有价值，我为什么不可以两个都要呢？

我刚刚讲了不要二选一可以采取的两种做法，一种是看情况，另一种是把两个选项整合起来，两个都要。如果把这两种做法也加到"不要二选一"这个标准参考答案之中，答案就更准确了，但是也更复杂了。

标准参考答案的一些特点

根据刚才举的几个例子，我们可以看到标准参考答案的一些特点：

- 通用，适合绝大多数情况
- 简单，很容易使用
- 不够准确，需要根据实际情况进行具体调整

我们讲的第一个策略是洞见分类，第二个策略是标准参考答案，两者之间是什么关系呢？

可以这样看两者的关系：根据洞见分类，可以得出几种不同情况下的行动方案，而其中一种情况最常见，那么针对该情况的行动方案就可以作为标准参考答案；或者，针对某种情况的行动方案不仅在那种情况下是"最优"方案，在其他情况下也能起一定作用，是"次优"方案，那么该行动方案就可以作为标准参考答案。

之前问了这样一个问题：爱因斯坦是个好老师吗？现在我试着用"三步回答一切问题"的方法来回答一下。

首先，回答看情况。

然后，拿出一个洞见分类来。我们可以从讲述的内容是否深刻（是否"深入"）和表达的方式是否生动（是否"浅出"）这两个维度把老师分为四类：深入深出型，深入浅出型，浅入深出型，浅入浅出型。

从前面的引文不难看出，爱因斯坦是个深入深出型的老师。那么，对某一类学生（追求深刻的内容，不在意表达是否生动）来说，爱因斯坦是个好老师。

我们在第二步建立的洞见分类，不仅可以用来回答爱因斯坦是不是好老师这个问题，而且可以得出一个好老师的标准参考答案：好老师要深入浅出。因为根据这个洞见分类，深入浅出这个选项，不仅对喜欢深入浅出型老师的学生来说是最优解，对喜欢深入深出型和浅入浅出型老师的学生来说，至少也是次优解。[⊖]

如果把理论放在一端，实践放在另一端，那么，洞见分类在偏理论那一端，标准参考答案在偏实践那一端。有些洞见分类有其对应的标准参考答案。在这个意义上也可以说，标准参考答案是洞见分类的一种特殊情况。

　　⊖　这个洞见分类的另一个结论是没有人喜欢浅入深出型老师。这可以认为是坏老师的一个标准参考答案。

策略三：互动学习

培养参考答案思维方式的第三个策略叫作互动学习。

我这里所说的互动学习有特定的含义，专指美国认知心理学家季清华提出的 ICAP 模型中的互动学习，指在不同参考答案之间的互动。并不是说所有带有互动（比如答问、辩论）的学习都是我这里说的互动学习。

互动学习也可以说是看情况的一种特殊情况：看不同的参考答案的情况，然后努力把它们整合成一个更好的参考答案。

季清华模型

季清华提出的 ICAP 模型[4]（本书将其称为季清华模型）把学习从高到低分为四种不同的类型：

- I（interactive）是互动学习
- C（constructive）是建构学习
- A（active）是主动学习
- P（passive）是被动学习

季清华总结了许多相关研究后发现：这四种类型中，

互动学习效果最好，建构学习次之，主动学习更次之，被动学习效果最差。

季清华是从高到低来排列这四种学习的。我更喜欢从低到高来排列。这更符合学习的实际顺序：我们总是从低层次开始，逐步进入更高层次的。下面我就从低到高讲一讲这四种学习。

被动学习就是被动接收老师提供的信息，学习者本人的投入不够，所以效果最差。

主动学习是学习者对学习有主动的投入，包括划重点、记笔记、提问、自测，等等。不过，学习者接收到的依然是学习材料中准备好的或者老师提供的信息。

建构学习是学习者自己建构了学习材料中没有的或者老师没有提供的信息。学生产生了自己的创造。

互动学习是学生在建构学习的基础上，把自己建构的思想跟老师或者其他同学建构的进行对照。

我再换种说法来区分它们：

- 被动学习是你被动接收他人提供的现成答案
- 主动学习是你主动吸收他人提供的现成答案

- 建构学习是你自己得出跟已有答案不一样（至少不完全一样）的答案

- 互动学习是你得出自己的答案，其他人得出他们的答案，你们一起对照、讨论并完善彼此的答案

为什么互动学习效果最好？季清华指出：因为从被动学习上升到互动学习，每一种学习都包含了前一种学习，不仅调用了前一种学习涉及的认知活动，而且调用了前一种学习没有用到的、更高级的认知活动。因此，从被动学习到主动学习，再到建构学习，最后到互动学习，学习效果越来越好。

我强调一下：互动学习指的不是两个人之间的互动，而是两个不同的参考答案之间的互动。如果两个人互动，只是一个人向另一个人传授一个答案，那不是互动学习；而即使是同一个人在比较、碰撞两个不同的参考答案，那也是互动学习。

这是一个很重要的学习模型，不仅可以解释我们凭经验发现的一些学习方法为什么有效，还可以解释为什么有些人会把这些方法用得更有效。

我下面用季清华模型分析四种重要的学习方法。通过下面的分析你会发现，这四种方法中的每一种，都可以处在不同的学习层次上。在这个意义上，每一种方法都可以说是几种不同的方法。

这四种学习方法，如果你还没有使用，我建议你现在开始使用它们，并在我分析的不同层次上去使用它们。

方法一：带着疑问读书

我分析的第一种学习方法，是带着疑问读书。

宋朝大学者朱熹说：

读书始读，未知有疑，其次则渐渐有疑，中则节节是疑。过了这一番，疑渐渐释，以至融会贯通，都无可疑，方始是学。又云："大疑则大进。"又云："无疑者须要有疑，有疑者却要无疑。"[5]

胡适引用了另一位宋朝大学者张载的话，也强调带着疑问读书：

总之，读书要会疑，忽略过去，不会有问题，便没有进益。

宋儒张载说："读书先要会疑。于不疑处有疑，方是进矣。"他又说："在可疑而不疑者，不曾学。学则须疑。"又说："学贵心悟，守旧无功。"[6]

为什么这种方法有效？因为带着疑问读书超越了被动学习，至少进入了主动学习。

比如，你读某作者的某本书，发现其中提到了某个观点。你产生了一个疑问：作者在另一本书里是不是讲过这个观点，只是表述略有不同？然后你去查另一本书，发现的确是这样。这就是主动学习。

带着疑问读书还可以是更有效的建构学习。

你读到了书中一个观点 A，又读到书中另一个观点 B，但是作者并没有讲两个观点之间的关系。你产生一个疑问：这两个观点到底是什么关系呢？你自己思考后得出一个书中并没有讲到的结论：A 和 B 是因果关系，A 是 B 的因。这就是建构学习。

带着疑问读书还可以是互动学习。

比如，我刚刚讲，你得出的结论为 A 和 B 是因果关系，A 是 B 的因。但是，你接着读下去，发现作者在后面说：B 是 A 的因。你产生了新的疑问：到底谁是谁的因？你把你的观点和作者的观点放在一起比较，这个过程就是互动学习。

方法二：不动笔墨不看书

我分析的第二种学习方法，是不动笔墨不看书。

这是毛泽东从自己的老师徐特立那里学来的方法。徐特立说：

> 要通过自己的思考来估量书籍的价值，要用笔标记书中要点，要在书眉上写出自己的意见和感想，要用一个本子抄摘书中精彩的地方。总之，我是坚持不动笔墨不看书的。这样的读书虽然进程慢一点，但读一句算一句，读一本算一本，不但能记牢，而且懂得透彻，可以达到学以致用的目的，效果自然比贪多图快好。[7]

美学家朱光潜所说的"读过一本书，须笔记纲要和精彩的地方和你自己的意见"[8]，也指的是这个方法。

这个方法为什么有效呢？因为记下"纲要和精彩的地方"就是主动学习。而且，记下"你自己的意见"就进入建构学习了。

它还可以是互动学习。通过记笔记进行互动学习有些难，但也可以实现。反复读一本书，记下自己不同时期产生的"自己的意见"，让这些意见彼此对话，就是互动学习。

据毛泽东身边的工作人员回忆：

毛泽东批在书上的问号非常之多，有的一页多达四五个。有些问号已被他用短斜线划去，这表示他后来已理解或肯定了书上的说法。[9]

这就是毛泽东带着疑问读书的体现。毛泽东划去问号的举动，也体现了他在进行互动学习——不仅跟书的作者互动，而且不同时期的毛泽东也在进行着互动。

方法三：以教而学

我要分析的第三种方法，是以教而学，即通过教别人来学习。

许多人说：教是最有效的学习方式。这其实不一定成立。我们用季清华模型来分析就可以看得很清楚：教别人是一种比较有效的学习方式，但到底多有效，要看你怎么教。

教肯定是主动学习。如果你教别人，即使教得很糟糕，你也至少是在主动学习。即使你只是在为教做准备，你学的时候也会更用心，也是在主动学习。但是如果只停留在这个层次，那它还不是非常有效。

教往往还会上升到建构学习的层次。你讲给别人听，往往要使用自己的语言来重新表述，往往要举出更贴近自己和对方实际的例子，你还可能在某些观点上有所创新，这就进入了程度不同的建构学习。

教还可以达到互动学习的层次。你把自己所教的内容作为参考答案，激发你所教的对象的新参考答案，并使其跟你的参考答案进行互动，最后产生更好的参考答案，这就是互动学习。

根据上面的分析，你会发现，教作为一种学习方式到底多有效，取决于你在哪一个学习层次上教。教并不一定是最有效的学习方式。

有一个学习金字塔模型，我没有看到专门研究学习的学者引用它，但它在很多讲学习的通俗文章中出现过。这个模型视教别人为最有效的学习方式，将其放在了金字塔的最上层。通过刚才的分析，你可以发现：不一定！

很多人误将以教而学作为最有效的学习方式，大力倡导通过"输出"来学习——就是在网上发布文章来分享自己学到的知识。他们认为这也是以教而学。

这些输出往往是原样转发或者稍加改动别人的观点，只能归入主动学习或者低层次的建构学习，仍然处在较低的学习层次上，并不是很有效的学习。

刚刚讲到的以教而学法，有时也被称为费曼学习法。实际上，费曼从来没有使用过费曼学习法这个名称，也没有强调过以教而学这个方法。

但是，费曼确实经常谈论学习的方法论，而且有很多洞见。我下面要分析的就是费曼强调的一个学习方法。

方法四：带着例子学习

我要分析的第四种方法是：带着例子学习。

费曼的父亲对他产生了很大的影响。费曼回忆父亲带着他读书：

比如，我们正在读关于恐龙的内容。有可能正读到霸王龙，里面的内容大概是这样的："这只恐龙有二十五英尺⊖高，脑袋有六英尺宽。"

父亲会停下来说："来，让我们看看这句话是什么意思。也就是说，如果它站在我们家的院子里，一伸脖子就能够到窗户。"（当时我们在二楼。）"但它的脑袋太大，没法从窗户探进来。"每念到一处，他都会想尽办法跟现实联系起来。[10]

这个学习案例告诉我们：面对一个比较抽象的知识，如果自己想出一个比较具体，而且跟自己的生活有密切关系的例子，学习会更有效，因为这是建构学习。还可以结合学习力第一公式来解释：你用自己比较熟悉的知识（对自己家的前院和房子的知识）建构一个例子，用它作为"我知道"来吸收"我不知道"的新知识。

费曼听同行讲他们的研究的时候，面对他们写下的方程式，会在脑子中想一个具体的例子。费曼说：

这是我的作风：除非我脑袋里能出现一个具体的例子，

⊖　1英尺 =0.3048 米。

然后根据这个特例来演算下去，否则我无法理解他们所说的东西……

但是过了一会儿，当那些家伙写下一大堆方程式，停下来解释一些东西时，我会说："等一下！这里有个错误！这不可能是正确的！"

那家伙瞪着他的方程式，果然，过了一会儿，他发现了错误，然后开始搞不懂这个开始时几乎什么都不知道的家伙，怎么有办法在这堆杂乱无章的方程式中找出错误？

他以为我是一步步地跟着他演算，其实不然。我脑中想的，是他正在分析的理论中某个特定、实际的例子，而根据过去的经验和直觉，我很清楚这例子的特性。所以当方程式应该会如何如何时，我知道那是一步错误的推论，于是跳起来说："等一下！那里有个错误！"[11]

这个案例中既有建构学习，又有互动学习。费曼一边在听对方讲，一边在用一个自己熟悉的例子来对照对方的方程式，其实就是在自己的大脑里让二者进行互动。费曼使用的是自己熟悉的例子，再次体现了学习力第一公式的重要性。

互动学习的核心：守破离

互动学习是两个参考答案之间的互动，包括这样三个过程：守、破、离。

"守破离"是日本人倡导的学习方法论，它本来的意思是，学习要经过以下三个阶段：

- "守"，完全听老师的话，照着做
- "破"，可以打破一些老师的做法
- "离"，完全离开了老师教的东西，进入了自己随心所欲的创新阶段

大前研一改变了这三个字的意思，将其用于描述互动学习的三个阶段[12]：

- "守"住自己不受到攻击
- "破"掉对方逻辑的薄弱之处
- "离"开最初的讨论，转移到最佳境地

大前研一这里把"破"说成是攻破对方逻辑的薄弱之处，其实不全面——"破"也是攻破自己逻辑的薄弱之处。

卓有成效的学习者往往主动邀请对方来"破"自己。比如著名数学家华罗庚倡导"弄斧必到班门"，去别的地方演讲，"必讲对方最拿手的东西，其目的是希望得到帮助与指教"。[13]

下面这个例子，说明著名物理学家玻尔也是这样理解互动学习的。

二战时期，已经名满天下、对许多人来说"就像上帝一般伟大"的玻尔携儿子（后来也获得了诺贝尔物理学奖）访问美国正在研发原子弹的科学家团队。当时还是小人物的费曼只能坐在角落里听玻尔讲话，"从众多脑袋瓜的缝隙间看到一点点玻尔的影子"。

但是，玻尔第二次访问美国时，派儿子把费曼找来，在会见众人之前先跟费曼进行了单独的讨论。原来，玻尔在结束上次访问之后对儿子说："你记得坐在后面那个小家伙的名字吗？他是唯一不怕我的人，如果我的想法不靠谱的话，他会直说出来。所以下次我们要讨论问题时，不能和那些人谈，他们只会说'对，对，玻尔博士'。先找那个家伙，我们先和他谈谈。"[14]

有人这样评价玻尔：

玻尔是永远热衷于从别人的想法中"学习"的。他仔细地考虑每一种提法，而且他勤勉地鼓励对他自己观点的批评。[15]

实际上，大前研一也是这么想的。他说过：

所谓有效谈话的对象，指的就是可以互相挑战对方的假设的人。[16]

我认为，大前研一对"守破离"这三个字的创造性解释，的确把握住了互动学习的核心过程。但是也许概括为两个阶段更好一些：互动学习就是 A 和 B 两个参考答案之间的互动。在第一阶段，A 和 B 都需要经过守和破的过程。先守还是先破，先 A 还是先 B，并不太重要，重要的是 A 和 B 都需要经过守和破的双重检验。在第二阶段，离开 A 和 B，看能不能创造出一个更好的参考答案 C。

拉波波特法则与芒格法则

再次强调，互动学习指 A 和 B 两个观点之间的互动，而不是指（提出 A 观点的）甲和（提出 B 观点的）乙之间的互动。所以，甲的"守"和"破"并不是甲守卫 A 观点并攻击 B 观点，而是甲应该同时守卫和攻击 A 观点，并同时守卫和攻击 B 观点。

社会心理学家兼博弈论专家拉波波特认为，在批驳他人之前应该遵循以下三条规则。

第一，你应该非常清楚、生动、不偏不倚地重述对手的想法，使得你的对手说："谢谢你，我刚才要是像你这么表述就好了。"

第二，你应该把对方观点中你所同意的部分都列出来，尤其是那种并非被人们广泛接受的观点。

第三，你应该提到那些从你对手那里学到的东西。

拉波波特认为，只有做到了以上三点，你才能说一句反驳或批评的话。哲学家丹尼特将以上规则称为"拉波波特法则"。

拉波波特法则认为，如果你没有充分了解一个观点的优点，那你没有资格反驳它。

无独有偶，投资家芒格说："只有在能够比反对某个观点的人更好地反驳那个观点之后，我才认为我有资格主张那个观点。"我现在把芒格这句话命名为"芒格法则"。

赫伯特·西蒙在教导女儿的时候，常常故意站在自己

主张的那个论点的反面立场，来跟女儿辩论。这可以看作
西蒙在应用芒格法则。

拉波波特法则和芒格法则强调的是一个硬币的两面。
一面说，破以守为前提；另一面说，守以破为前提；我们
应该同时使用这两个法则来进行守和破。

事前建构

我介绍一个为互动学习服务的重要的学习方法：事前
建构。

你读书或者听课，常常只注意到一个参考答案，就是
书上或者老师讲的那个答案。假如你能产生一个自己的参
考答案，去跟书上或者老师讲的那个答案碰撞，那就变成
了互动学习，你的学习会更有效。

你在什么时候建构自己的参考答案呢？有两个选择：
一个是先听别人的参考答案，然后再想自己的参考答案，
这可以称为"事后建构"；另一个就是在听别人的参考答
案之前，你就先想出一个参考答案来，这就是我说的"事
前建构"。

华罗庚推荐这样一个读书方法，叫作"想书"：

一本书拿来，看过开头有个大体了解就不要忙着看下去，而是先按照自己的思路想，认真想过之后再看那些未想到的或者与自己的想法不一样的部分就可以了。[17]

历史学者吕世浩也建议，读历史书，读到书中的历史人物面临重大抉择的时候，你先把书合上，想一想，如果是你处在那个位置，你会怎么选择？然后再去读那个历史人物是怎么选择的。[18]

他们两个人的建议，都是事前建构。

你当然也可以事后建构，但一般说来，事前建构的学习效果更好。事前建构时，你要真正地独立思考，开动脑筋；而事后建构时，你多多少少会受到别人观点的影响。而且，有了事前建构，你仍然可以进行事后建构。

单人互动

我反复强调，互动学习是两个参考答案之间的互动，而不是两个人之间的互动。从这个观点，其实不难推出这样的结论：自己一个人也是可以进行互动学习的。

你一个人对两个参考答案进行"守破离"，就是互动学习。你在读书的时候，用事前建构的技巧，先产生一个自己的观点，然后跟后面读到的作者的观点进行比较、碰撞，这就是一个人的互动学习。

小平邦彦是第一位获得菲尔兹奖（被称为数学界的诺贝尔奖）的日本数学家。他在大学时主要通过读书来自学，而且形成了自己的方法：

我在阅读数学书的过程中养成了一种习惯——在阅读时思考其他证明方法，以及构造实例和反例。[19]

小平邦彦的这个习惯其实一共包含三个方法：第一个就是这里正在讲的单人互动，第二个是之前讲到过的带着例子学习，第三个是后面会讲到的反过来想。

我再举一个怎么在工作中使用单人互动的例子。

你们部门有周例会，在例会上，部门经理会总结上一周的工作，并且布置这一周的工作。那么，参加周例会之前，你就可以事前建构，想一想：如果我是部门经理，我会怎么总结上一周的工作？怎么布置这一周的工作？你先有了自己的答案，再听部门经理怎么说。

然后，你把他说的和你之前想的进行比较，并在脑子里进行"守破离"——这两种说法，各自好在哪里？这是守。这两种说法，各自不好在哪里？这是破。最后，一定要去想这个问题：我可不可以找到一个新的说法，比这两种说法都好？这就是最重要的一步：离。

策略四：注重过程而非结果

培养参考答案思维方式的第四个策略是注重过程而非结果。

这也可以说是看情况的一种特殊形式：把我们学习的对象分为结果和过程两种情况，然后把重点放在过程上面。

结果可能误导你

为什么不把重点放在结果上呢？首先，结果很可能误导你。

商业界的成功案例，往往引来很多效仿者。所谓的成功案例，就是取得了好的结果。我们通常认为，如果结果是好的，那么过程就是对的，所以，成功案例的过程值得效仿。但是真的是这样吗？

我举一个例子。比如说，咱们在一起玩扑克牌中的"斗地主"。发完牌，我手里最大的牌是一个 2，也没有炸弹，尽管牌比较整齐。我该不该要地主呢？其实不应该。但是我脑子一热，要了地主，竟然从底牌里拿到王炸和一个 2，最后我赢了！我的结果是成功的，但是决策过程值得效仿吗？当然不！

你可能认为，我刚才举的例子太极端了，商业界（或者其他领域）的成功案例不是这样的，尤其是那些巨大的成功，一定不是单靠运气就能取得的。

我承认，那些巨大的成功，比如谷歌、富豪榜首富那样的成功，一定不是单靠运气就能取得的。但是，作为结果的巨大的成功更有可能误导你。

丹尼尔·卡尼曼是著名心理学家，他的研究对经济学产生了重大影响，所以他获得了诺贝尔经济学奖。卡尼曼说他最喜欢的公式是：

成功 = 能力 + 运气

巨大的成功 = 多一些能力 + 多很多运气[20]

第一个公式说，成功当中有运气的成分。这一点，多数人都能想到。

第二个公式指出：与普通的成功相比，在巨大的成功当中，运气起到的作用更大。这是很多人想不到的一个亮点。

所以，卡尼曼特别不赞同学习谷歌、富豪榜首富所取得的巨大的成功。他认为在这些成功案例中，运气的作用更大。这就导致你在学习的时候，更难分清哪些是该学的能力，哪些是不可复制的运气。

历史学家柯文指出研究历史存在一个问题：

这里存在一个问题，所有称职的历史学家都心中有数，并且在尽最大努力减轻其负面影响。这个问题是：错误地推定已成事实的结果的必然性。[21]

柯文说的这个问题就是——结果可能误导你。

过程是能力的核心

之所以要把重点放在过程上，更是因为过程才是能力的核心。

我讲一个大前研一的小故事。他在大学里学的专业是核物理，后来到美国麻省理工学院读该专业的博士。

他读博期间，有一个重要的考试，就考了一道题：在月球上造一个虚拟的原子炉，如果插入一根和地球上同样构造的镉控制棒，当镉控制棒停止上下运动时，炉心的温度上升了几度？这个温度是否安全？

大前研一算出来了，会上升 2.8 度，是安全的。他把这个答案交了上去。全班只有他一个人答对了，但是他没有通过这次考试。而有个同学并没有把结果算出来，但是对计算的过程做了详细的说明，反而得了高分。

老师对大前研一说："你的数字是对的，但是对思考的过程，并没有明确的说明，这对一个工程师来说，是非常危险的。"

我来解释一下老师强调过程的原因：你的答案尽管是对的，但是我并没有看到你计算的过程——你也许是瞎猜的呢？也许是抄袭的呢？也许过程错了好几步但是答案凑巧对了呢？我需要看到你得出答案的过程，那才能真正展示出你确实拥有得出答案的能力。

大前研一认为这是自己学习生涯的一个转折点：

日本的考试都是在考套上方程式后答案对不对，美国则是考学生有没有能力将方程式导出来。这个时候我才深刻地领悟到，我必须从头开始学习。[16]

大前研一的领悟就是，过程比结果更重要。

我再讲一个广为流传、常常被安放在不同主人公身上的故事。

一个工厂的设备出了故障，请了很多人都没有修好。最后，某工程师被请来解决问题。该工程师研究了一番该设备，在某个地方用粉笔画了一道线，说：把这里的线圈减少一圈。工人照做之后，设备修好了。该工程师开出了一张 1000 元的收费单。工厂主说：你画一道线就收 1000 元？工厂主要求工程师列出收费明细。工程师重新写了收费单：画一道线，1 元；知道在哪里画线，999 元。

这个故事也强调了过程的重要性。画一道线，只是一个结果；但是知道在哪里画线，这个你没有看到的过程，才是能力的核心。如果你要给这个工程师当学徒，你真正要学的，显然不是画一道线，而是知道在哪里画线。

在学习的时候，我们要注意，不要僵硬地学习在哪里画线，更重要的是学习怎么才能知道在哪里画线。

好老师关注过程

因此，好的老师在教学的时候关注过程。

贝聿铭认为著名建筑师瓦尔特·格罗皮乌斯是"一个伟大的导师"，他面对不同意见，不是急于否定，而是说，"你说的也许有道理，证明给我看"。[22]

格罗皮乌斯的这句话看起来简单，其实很有内涵。格罗皮乌斯知道：第一，学生可能是对的；第二，如果学生是错的，让他自己证明自己错了，他更能够接受；第三，要鼓励学生自己去探索；第四，老师重点要关注的，是学生的探索过程；第五，老师的教学，要围绕学生的探索过程来进行。

费曼的父亲也是一个伟大的导师。我们再来看一个费曼的父亲教导费曼的小故事：

"看到那只鸟了吗？"他说，"那是斯氏莺。"（我很清楚，其实他并不知道正确的名字。）"哦，在意大利它叫'查图拉皮提达'。在葡萄牙，它叫'波姆达培达'。中文名字是

121

'春兰鸪'，日文名字则叫'卡塔诺·塔凯达'。即便你知道它在世界各地的叫法，可对这种鸟本身还是一无所知。你只是知道世界上有很多不同的地方，这些不同地方的人是这么叫它的。所以我们还是来观察一下这只鸟吧，看看它在做什么……这才有意义。"（所以我很小就懂得，知道某个事物的名字与真正了解这一事物的区别。)[10]

上面这个故事中，费曼的父亲教导费曼的道理，就是求知的过程比结果更重要。

我们再来看发生在两个"未来的数学家"身上的小故事。这两个故事中的老师，都慧眼识英雄，从貌似不好的结果中看到了好的过程。

一个是上初中时的广中平祐，彼时他遇上了一个特别的数学老师谷川操。他经历了跟大前研一"相反"的故事：

他不让学生去死记硬背解题方法，而是让学生掌握解题思路……这样的谷川老师曾给我打过一次满分。虽然当时我得出的答案是错误的，但由于我抓住了解题思路的关键，所以老师破例给了满分。[23]

广中平祐被这个特别的满分激发出了对数学的兴趣，

最终成为获得菲尔兹奖的著名数学家。

　　另一个是上初中时的华罗庚。他同样遇见了人生中第一个伯乐王维克老师：

　　总之，华罗庚的行径怪癖，不被常人理解。但金坛中学毕竟有赏识他的人，这就是王维克，他是这样发现华罗庚这个人才的。虽然华罗庚的数学习题本写得很不工整，而且经常涂改，但王维克仔细阅读后，发现华罗庚在不断地改进与简化自己的数学习题解法。他认为华罗庚是一个肯思考而且有新意的学生，从此便注意与培养华罗庚。

　　后来，华罗庚在培养学生的时候，也特别注重过程。比如，华罗庚说"自己对学生的任何问题总要在课堂上答复，这样可以训练学生如何去'想'"；又比如：

　　华罗庚先生在讲课中，每当遇到关键的方法与转机的节点，他总是强调要我们好好想想："人家是怎样想出来的？如果是你，该怎么办？"华先生在课堂上这样反反复复的提醒，让我们的思路在对比与鉴别中迅速提升，受益很大。[17]

　　华罗庚的提问，既是在引导学生进行事前建构，为互动学习做准备，又是在引导学生关注过程，培养能力的核心。

注重过程的三个建议

你在学习的时候，想要注重过程的话应该怎么做呢？我提三个建议。

第一个建议是：跟着高手学过程。

一项针对美国科学界的诺贝尔奖获得者的经典研究，有很多有趣的发现。

比如，这些诺贝尔奖获得者，很多是师徒关系。你可以想象，往往是徒弟主动找到师傅要跟他学习。但有意思的是，徒弟拜师的时候，师傅往往还没有获得诺贝尔奖。

更有意思的是，这些徒弟基本上都同意，"他们学徒期间最不重要的一个方面是，从师傅那儿获得实际知识"。

一位后来的诺贝尔物理学奖获得者回忆说："我对物理学懂得很多。我有言语、歌词，但是谱不上曲。"他的意思就是说，物理学的知识他都懂，但是怎么利用这些知识做出重要的科学发现，他还没有掌握。

另一位后来的诺贝尔化学奖获得者说得更明确，他说他去拜师，"不是为了学习具体知识，而是为了学习那种真正能够解决问题的工作方法"[24]。

这两个人说的其实就是：我不是跟着高手学知识，而是跟着高手学习他得出知识的过程。

如果有华罗庚这样的高手在教你过程，那是你的幸运。如果没有的话，怎么办？主动找高手去观摩他们的过程。

对于观摩高手的过程，我有亲身体会。我曾经与很多领导力大师有过对话。在访谈他们之前，我已经认真读过他们的书。那些书当然有价值，但它们是已经解出来的答案。而现场对话可以让我观察他们的"解题过程"。我也的确从这些对话中学到很多。

对话式学习是一种经典的学习方式。《论语》记载了孔子与他的门徒的对话式学习，柏拉图对话录记载了苏格拉底与他的门徒的对话式学习。对话式学习为什么有效？我们可以用季清华模型来解释：因为对话式学习可以是互动学习。

但是，并不是所有的对话式学习都是互动学习。比如，我跟领导力大师的对话基本上是我向他们请教，这种请教式对话为什么仍然是很有效的学习方式呢？

我想，"最重要的一点，对话可以使读者感知作者何以达致他的立场的心智历程"[25]，也就是说，对话可以让学生更好地了解老师得出结论的过程。

许多对学校教育的研究都得出这样一个结论：一对一辅导是最有效的教学方式。我想，这里面除了老师可以因材施教之外，还有一个重要的原因，就是学生可以更好地观摩老师得出答案的过程。

第二个建议是：重点关注不完美的过程。

数学家乌拉姆曾经听另一个数学家巴拿赫的讲座，发现巴拿赫的讲座"准备得不怎么充分，偶尔会有差错和遗漏"。乌拉姆认为，与那些准备得很完美的讲座相比，这样的讲座反而对他更有启发。[26]

因为，你听一个准备得很完美的讲座，其实是很难注意到过程的。而你听一个不完美的讲座，那些过程反而更清晰地呈现了出来。

对于这一点，我也有亲身体会。我在读中学时，有一次遇到一道数学难题，想了很久解不出来。我去问数学老师。他读完题目，拿出笔在纸上写下一个式子，没有解出来。他又写下另一个式子，还是没有解出来。但是，我当时却有醍醐灌顶的感觉。我发现，他对这个题的第一反应和第二反应是这样的！

他尝试了两次都没有解出来，呈现的解题过程是不完美的。但是如果他一下子就解出来，我可能只会看到正确答案，反而忽视了他的解题过程；即使我注意到解题过程，那个过程也很快、很短，我印象也不会很深，学到的会很有限。

第三个建议是：从结果还原过程。

并不是每个人都有机会观摩高手的过程。这时候，我们需要从高手的结果去还原过程。

我读到过一个有趣的例子。一个教艺术的老师，在课堂上要求学生倒过来看一幅画，理由是：人们看一幅画的时候，关注的重点往往是这幅画的主题和内容，而忽略了他认为更关键的东西——画家是怎样使用线条和色彩的。[27]

我觉得这是个好老师。我们一般不会有机会观摩大师的绘画过程，那怎么办？我们要试着从结果去还原过程。而这个老师用了一个独特的技巧，帮助学生从结果还原过程。

那么，这个技巧是不是只适用于学习画画呢？如果你只是把这个技巧解读为"倒过来看画"，那确实如此。但是，如果你把它变成一个更加通用的模式，就可以用到其他领域的学习上。

这个模式可以概括为这样一句话：因为结果往往吸引了我们的注意力，所以我们要有意识地多问——这个结果是通过什么样的过程得来的？或者说，这个结论是通过什么样的过程推理而来的？

策略五：发现隐含的假设

所有的结论都是有假设的。实际上，所有的思考都有假设。而我们在面对这些结论和思考的时候，往往忽略了检验这些假设的合理性。

发现隐含的假设，是培养参考答案思维方式的又一个策略。

面对知识，通过情境信息发现假设

比如，爱因斯坦有一句经常被人引用的名言：想象力比知识更重要。

这句话对不对呢？看情况。你需要看到这句话隐含的假设是什么。

　　发现隐含假设的一个技巧是问：这句话是谁说的？上面那句话是爱因斯坦说的。这么一问，有个隐含的假设浮出水面了：假设你已经有了很多知识，那么想象力很重要。

　　发现这个假设之后，我们就知道：对爱因斯坦来说，想象力可能比知识更重要，但对你就不一定了。

　　发现隐含假设的另一个技巧是问：这句话是对谁说的？你问我一个问题，和我的小儿子问我同一个问题，我的回答很可能是不一样的。

　　当然，还有一些问题也很重要，比如：这句话是在什么场合说的？是出于什么目的说的？……

　　所有知识都是在一定情境下产生和传播的。我们需要把知识的情境信息搞清楚，发现知识背后的利益、条件、假设。

　　明代著名思想家王阳明反对学生记录他说的话，因为这些话都是有情境的，换个情境不一定管用：

　　圣贤教人，如医用药，皆因病立方，酌其虚实、温凉、阴阳、内外而时时加减之。要在去病，初无定说。若

拘执一方，鲜不杀人矣。[⊖]

著名管理学家詹姆斯·马奇也告诉我，他的话是有语境的，如果换一个语境，他有可能会反过来说。[28]

在这个全球化的时代，我特别指出一种特殊的需要加以注意的知识情境：文化情境。

我先举这样一项研究：如何让同事愿意帮助你？

花旗银行是全球规模最大的跨国企业之一。研究人员给其中4个国家的员工发放了问卷，分别是美国、德国、西班牙和中国，询问他们当同事发出了协助任务的请求时，他们主动答应的意愿有多强烈。

虽然影响受访者考虑的因素大都相同，但不同因素在不同国家的轻重程度有所差异。

在美国的员工中，互惠互利有显著的影响。他们会问"这个人为我做过什么？"，如果他们还欠请求者一个人情，就会感到有主动帮忙的责任。

德国员工更倾向于思考请求是否符合组织内部的规则，他们考虑是否答应请求时会问："按照规章制度，我

⊖　见王阳明弟子徐爱为《传习录》所作之序。

应不应该协助这位同事？"

西班牙员工则更看重友谊原则，他们会问："这位请求者是否与我的朋友有关？"

中国员工主要受到权威的影响，忠诚于团队中的领导者。他们会问："这位请求者是否和我团队中的人有关，尤其是团队领导？"

这个例子告诉我们，当我们面对一个知识时，我们还需要问：它是在什么样的文化情境中产生的？它在其他文化情境中同样有效吗？

面对提问，发现问题自带的假设

所有的问题也都自带假设。在回答别人问题的时候，我们最容易忽略问题当中隐含的假设。

我在哈佛大学读书时，有一门叫作"发展的历史与理论"的课程，它的期末考试中有这样一道题：为什么资本主义没有在奥斯曼土耳其帝国出现？

这门课的"历史"部分我应该没有学好，因为我完全想不起来奥斯曼土耳其的历史是怎么一回事。但是，"理论"部分我可能学得好一些。于是，我是这么回答的：

这个问题包含一个假设：资本主义是个历史的必然，本来应该在奥斯曼土耳其帝国出现。这个假设成立吗？不一定。我现在来告诉你，为什么资本主义不是历史的必然……

这道题的具体得分我不知道，我只知道这次考试的得分还不错。

我前面讲到，面对一个知识，要通过情境信息发现假设。这其实有时候难以做到，因为很多情境信息并不伴随那个知识出现。而面对一个提问，去发现问题中自带的假设，相对来说更容易一些。因为那些假设就在问题之中，你只需要思考得稍微深入一些，或者经过一些专门的训练，就能够把其中的假设发掘出来。

比如我讲过，对于二选一问题，我的标准参考答案是：不要二选一！你可能会说：可是别人明明让你在两个里面选一个啊？你要注意，这就是二选一问题隐含的一个假设——它假设你只能选一个。二选一问题还有另一个隐含的假设——它给你的两个选项是对立的，至少是不同的。而这两个隐含假设都不一定成立。你只有把它们识别出来，才有可能想到，更好的回答是把两个选项整合起来。

我作为一个教领导力和管理的老师，经常面对各种各样的问题。辨认这些问题里自带的假设，是回答这些问题的关键之一。

比如，我可能会面对这样的问题："老师，我怎样才能成为一个有创造力的人？"

我之前教过你一个"三步回答一切问题"的标准参考答案。现在，我再教你一个"两问回答一切问题"的标准参考答案：用两个问题，来回答一切问题。

第一问：这个问题包含哪些假设（而且它们成立吗）？

刚刚举的那个例子中的问题包含一个假设：我应该成为一个有创造力的人。这个假设成立吗？不一定。

我可以检验一下这个假设，问他：你为什么想要成为一个有创造力的人呢？他可能这样回答：上司曾经批评我没有创造力，所以我应该成为一个有创造力的人。

第二问：更好的问题是什么？

那么更好的问题可不可以是：我如何成为一个让上司觉得有创造力的人？

这个问题，和"如何成为一个有创造力的人"的答案显然不一样。

更好的问题还有其他多种可能性：我如何让上司欣赏我？我如何改善与上司的关系？我如何在上司面前展示我的优点？甚至是：我如何换个上司？

然后，我们才可能找到最该拿出来讨论的那个问题。

我在《刘澜极简管理学》一书中提出了"刘澜管理问题第二法则"：

很多管理问题都问错了问题。

面对一个问题，你可以问两个问题：这个问题包含哪些假设（而且它们成立吗）？更好的问题是什么？

用这两个问题来回答一切问题，可以帮助你发现"更加正确"的问题。

策略六：反过来想

面对一个参考答案，我们可以反过来想——这是培养参考答案思维方式的另一个策略。这也是看情况的一种特殊形式，是反过来看情况。

怎么反过来想呢？

我们可以先思考一个类比：怎么反过来穿衣服呢？反过来穿衣服，有前后反着穿，里外反着穿，还有上下反着穿（尽管这种情况非常罕见）。

与之类似，反过来想也有不同方式。我这里举四种反过来想的方式。

对立式的反过来想

当有人告诉你"Ａ"成立时，你想：是不是"Ａ"不成立，而是其反面"非Ａ"才成立呢？或者，是不是"Ａ"和"非Ａ"同时成立呢？这就是对立式的反过来想。

比如有人说：张三杀了人。对立式的反过来想，就是张三没有杀人。

玻尔有一句著名的话：

一个正确的陈述的反面是一个错误的陈述。而一个深刻的真理的反面可能是另一个深刻的真理。

"张三杀了人"更像是玻尔所说的陈述。如果"张三杀了人"是正确的，那么"张三没有杀人"就是错误的。

但是，如果有人说"人应该走出舒适圈"呢？这就更像是玻尔所说的一个深刻的真理，它的反面——"人不应该走出舒适圈"可能是另一个深刻的真理。

那么，"张三是好人"这句话呢？这是一个陈述还是一个深刻的真理呢？它更像是在两者之间。尽管"张三是好人"很可能说不上是一个深刻的真理，但是，它跟"张三是坏人"是可以同时成立的。张三可能对一些人来说是好人，对另一些人来说是坏人；可能在某些事情上是好人，在某些事情上是坏人……

我们不要轻易断定某个观点是"一个正确的陈述"，其反面一定是错误的。相反，我们可以默认所听到的观点都是"一个深刻的真理"，假设它的反面也是成立的。

我举一个例子。你很可能听说过一种管理方法，叫"末位淘汰"。美国通用电气公司曾经有一个 CEO，叫杰克·韦尔奇。他就大力推行"末位淘汰"，还被很多企业效仿。

乍一听，淘汰绩效最差的员工，似乎是一个显而易见的真理。如果我说，我们可以反过来想，把"末位淘汰"变成"首位淘汰"——淘汰业绩最好的员工，你会不会认为我太荒谬了？

其实至少有两种情况，是可以淘汰业绩最好的员工的。

我先引入一个洞见分类。这个洞见分类其实已经比较常见了，就是用两个维度组合起来考察员工。一个维度是业绩，或者说能力；另一个维度是态度，或者说价值观。业绩好的员工，如果跟企业价值观不符，其实是可以淘汰并且需要被淘汰的。这是我说的"首位淘汰"的第一种情况。这种情况，韦尔奇本人也明确表示过认可。

"首位淘汰"的第二种情况，是德鲁克说的一种情况：如果一个管理者说他的某个下属太能干了，他们部门离不开这个下属，那应该坚决、尽快把这个人调离。[29]

德鲁克想要强调的，是一个组织要依赖的是一个团队、一个系统的力量。如果一个部门离不开一个员工，就说明这个部门其实系统力量不强。如果那个员工一直留着，系统能力可能一直建设不起来。

其实早在古希腊，雅典人就这么干过。他们用"贝壳放逐法"放逐了许多优秀的雅典公民。亚里士多德问：人民仅仅因为某人优于他们太多而摆脱之，这合理吗？亚里士多德认为有合理性。他把城邦比喻为一幅画或者一座雕像，如果某个细节太突出，对整体的和谐不一定是件好事。[30]这跟前面的例子是类似的道理。

我补充一下，那个需要"首位淘汰"的员工也可能是部门领导或者企业一把手。很多企业不是创始人离开之后就倒下了吗？这也是因为过于依靠一个人的力量，而忽略了系统能力的建设。对于这样的企业，创始人要想办法及时"淘汰"自己。

我讲的"首位淘汰"的两种情况，背后其实是同一个道理：如果淘汰业绩最好的员工对公司的整体发展有利，那就是对的。

这个时候，我们可以再反过来想"末位淘汰"：这个道理是不是也适用于"末位淘汰"呢？其实适用。淘汰业绩最差的员工，只有在对公司的整体发展有利的情况下，才是正确的。但实际上，只是淘汰业绩最差的员工，不一定对公司的整体发展有利，因为业绩最差的员工往往不是问题的根源，而只是表现形式。所谓的"末位淘汰"，有可能只是消灭了症状，而非病因。

互补式的反过来想

互补式的反过来想就是当你的目标是"Ａ"的时候，

你不仅要想"如何得到 A"，而且要反过来想："如何避免得到非 A"。

比如说，投资者主要考虑一个问题：如何赚钱？可是，也有一些投资家强调，在考虑"如何赚钱"的时候，首先要考虑"如何避免赔钱"。如果你只考虑如何赚钱，你可能就会忽略掉一些风险因素，反而会赔大钱；而如果你把如何避免赔钱放在第一位，至少保证了本金的安全。

我再讲一个有趣的例子：

一家公司要提拔一个人，大家开会研究应该提拔谁。如果直接问：我们应该选谁？那么选出来的可能是张三。但是如果有人提议，先缩小一下候选人范围吧，先讨论一下：我们应该淘汰谁？那么，首先被淘汰的很可能也是张三。你可能会觉得意外，为什么截然相反的问题，得到的会是同一个答案呢？这是因为，那些能力很强的人，问题往往也很突出。所以，张三既可能被提拔，也可能被淘汰，全看你先问哪个问题。

上面这个例子告诉我们，两个互补的问题，往往不能只思考一个。正反一起想才能思考得更清楚、更全面。

投资家芒格非常强调反过来想。他非常喜欢讲一个乡下人的故事：

曾经有个乡下人说："要是知道我会死在哪里就好啦，那我将永远不去那个地方。"大多数人和你们一样，嘲笑这个乡下人的无知，忽略他那朴素的智慧。

这个乡下人的智慧，就是互补式的反过来想：我不但要追求成功，更要避免失败。

芒格在自己儿子的中学毕业典礼上演讲，主题是"怎么过上痛苦的生活"，也是在推动这些年轻人进行互补式的反过来想：不但要追求如何过上快乐的生活，而且要竭力避免过上痛苦的生活。

这里需要指出，互补式的反过来想其实还可以分为两种情况。一种情况，A 和非 A 是互相排斥的。比如，赚钱和赔钱，这两者是不可能同时成立的。追求如何赚钱，先想如何避免赔钱，这是比较简单的互补式的反过来想。

另一种情况，A 和非 A 不是互相排斥的。比如，快乐的生活与痛苦的生活，很可能不是互相排斥的。得到快乐，并不一定意味着避免了痛苦（想一想国外那些获得巨大成功却因为吸毒等原因英年早逝的流行明星）。

管理学中有一个经典的"激励和保健"双因素理论，就是后一种互补式的反过来想。这个理论认为，影响工作满意度的因素有两种。一种是保健因素，比如，安全的工作环境。保健因素做到位了，员工对工作不会"不满意"。但是，不会"不满意"并不意味着就对工作"满意"。另外一种因素是激励因素，比如，工作的意义、工作中的成就感。激励因素有了，员工才会"满意"（但是如果保健因素不到位，他们也可能同时"不满意"）。

共生式的反过来想

没有黑，就无所谓白。没有上，就无所谓下。黑与白，上与下，是共生的。在我们关注 A 的时候，我们需要想到，如果没有非 A，也就没有 A。如果只看到 A，我们就没有看到事物的全貌。所以，不仅要关注 A，还要关注非 A。这就是共生式的反过来想。

前面谈到，费曼的父亲教费曼观察鸟。除了鸟，费曼的父亲带费曼在森林里还观察了许多事物。

我们会出去散步，看到各种寻常的东西，还会谈论很多事情：我们谈论正在生长的植物，树木如何努力获取阳光的照射，它们如何努力生长得尽可能高，长到 35 英尺或 40 英尺以上时，它们如何解决吸收水的问题；我们还谈论地上的小植物寻找树荫间漏下来的一点点阳光，所有在地上长出来的东西，等等。

在我们看了所有这些以后，有一天，父亲又带我去了森林，并说："这段时间我们都在观察森林，但是这里正在发生着的事情，我们只看到了一半，正好是一半。"

我说："您这话是什么意思？"

他说："我们已经看到所有这些东西如何生长，但是每一点生长，一定要有等量的枯萎，否则资源就会被耗尽。如果枯死的树在耗尽了空气和土壤中的物质之后，仍然立在那儿，它们没有腐朽败坏，就不能回归自然，树木里的成分就不能回到土壤或空气中去。这样的话，其他植物就不可能生长了，因为土壤和空气中已经没有可吸收的物质了。"所以，每一点生长必须对应着等量的腐坏。

之后，我们又经常进树林散步。我们会刨开枯死的树桩，看见里面有趣的小昆虫和菌类正在生长——他当然不可能把细菌给我看，但是我们看到了物质被细菌腐化变软的样子。因此在我眼里，森林就是一个物质不断转化的地方。[14]

上面这个例子中，费曼的父亲对费曼的教导，就是共生式的反过来想。成长和腐坏，一定是同时存在的。如果你只看到生命的成长，却没有看到其腐坏，那就没有看到生命的全貌。

我已经讲到的三种反过来想，看起来很像都是从 A 想到"非 A"，都是在考察"硬币的另一面"，其实它们是不同的，其区别大致可以这样表述：

- 对立式的反过来想，是在有人说这面是硬币的正面时，你认为另一面才是硬币的正面
- 互补式的反过来想，是你在扔硬币的时候，尽管扔出正面是你的目标，但你同时在思考，如何避免扔出反面
- 共生式的反过来想，是有人给你看一枚硬币的正面时，你要求也看看硬币的反面，因为，没有反面就无所谓正面，你只有把反面也看了，才看到了硬币的全貌

数学家艾伦伯格这样谈论反过来想：

事实上，人们经常建议（我在攻读博士学位时，导师就是这样建议我的，可能他的导师当初也给了他同样的建议），当为一个定理绞尽脑汁时，我们应该在白天证明它是正确的，在晚上证明它是错误的。具体采用什么样的切换频率并不重要，据说，拓扑学家宾（Bing）的习惯做法是将一个月分成两部分，用两周时间证明庞加莱猜想是正确的，用剩下的两周时间寻找反例。

你觉得，这是上面所说的哪一种反过来想呢？

对位式的反过来想

前面讲到的三种反过来想，都是从 A 想到"非 A"。我再讲一种重要的反过来想，是把"A 和 B 的对位关系"关系反过来想。

所谓的对位，就是 A 和 B 在彼此关系中所对应的位置。把 A 和 B 在关系中的相对位置互换，就是对位式的反过来想。

我先讲一种重要的对位关系，就是因果关系。

我曾经给人讲过奥美广告公司创始人奥格威拒绝客户

的故事。奥格威曾经列出一些"哪些客户要拒绝"的原则，其中一条是：太大的客户要拒绝。奥美公司还不是很大的时候，他拒绝了福特汽车一个新品牌的广告业务。奥格威给福特写信说：这个业务占据我们营业额的一半，会很难让我们保持咨询的独立性。后来这个新品牌失败了。奥格威说幸好我们拒绝了，不然会跟着倒掉的。[31]

有人这样说：我的公司现在还小，不能挑客户。等我像奥美那么大，就可以拒绝客户了。

对于这样的逻辑，我们就可以试着在因果关系上反过来想：你说你是因为公司小所以不拒绝客户，我说你就是因为不拒绝客户所以公司小。奥美就是在拒绝客户的过程中壮大的。

在日常生活中有很多例子，都可以用一下这种因果关系上的反过来想。比如，有人说，因为我内向，所以我不敢当众发言。可是，你反过来想一想呢？有没有可能是你不擅长当众发言，才会觉得自己内向。如果你可以从容地当众发言，或许你就不觉得内向是一个问题了。

你看，如果把因果关系反过来想，是不是会让你的思考变得更深刻，行动变得更积极呢？

很多专家学者也可能把因果关系搞反了。所以，我们在学习的时候，遇到因果关系的结论，不妨反过来想一下，看看是不是也成立。

比如，你读一些企业家的传记，或者新闻报道，经常可以看到这样的表述：因为这个 CEO 领导有方，所以企业的业绩很好。但是你想一想，反过来的因果关系是不是也成立呢？是不是因为这家企业的业绩很好，所以我们才觉得这个 CEO 领导有方呢？有很多研究表明，其实更加成立的是后一个因果关系。

除了因果关系之外，还有其他许多种对位关系。

比如，师生关系也是一种对位关系。"好老师让学生成长"这句话大家应该没有什么意见。但是，我们如果来一个对位式的反过来想，变成"好学生让老师成长"，是不是对我们思考师生关系有一些新的启发呢？

问题和答案之间也是一种对位关系。一般来说，先有问题，后有答案。但是，也有人倡导挑战这样的先后关系，建议问这样的问题：如果我现在拥有的是答案，那么问题是什么？

这也是一种对位式的反过来想。这个问题对某些新技术的发明者来说，是一个思考如何将其技术应用于实践的好问题。这个问题对一些学者来说也可能是好问题。比如社会学家搜集数据的时候，不一定很清楚数据说明了什么。社会学家霍华德·贝克尔建议学生问这样的问题："我这里的数据是某个问题的答案。我要问自己什么问题，我在笔记中写下的记录才会是一个合理的答案呢？"[32]

对位关系有很多，所以，对位式的反过来想有很多形式，你会有很多机会使用对位式的反过来想。

参考答案思维方式的口诀

在本章的开始，我为参考答案思维方式这项修炼提供了一句口诀：看情况。这句口诀简单有力，也切合参考答案思维方式的本质。不过它也有不足之处：它告诉了我们要看情况，但是对怎么看情况，它的指导意义还不够强。

我再提供一组口诀，一共三句，作为"看情况"这句口诀的细化和延伸。

这组口诀是如下三个问题：

如果这个观点是对的，对在哪里？如果这个观点是错的，错在哪里？更好的观点是什么？

这三个问题既可以用在两个人讨论的时候，也可以用在一个人学习的时候。不管是其他人抛出来一个观点，还是你自己读书的时候读到一个观点，都可以使用这三个问题。

这三个问题是一组，分别对应之前讲互动学习时提到的守、破、离。使用这三句口诀的关键在于要"同时"使用，对一个观点要同时进行守和破，而且还要离。

相比"看情况"三个字，这三个问题更切合参考答案思维方式的本质，而且更具体，"操作性"更强。它们作为启发我们思考的问题，既跟守破离对应，可以推动互动学习，又能激发我们使用洞见分类、发现隐含的假设、反过来想等学习策略。

| 第三章 |

聚　焦

UNLEARNING

The Five Disciplines
of Learning

———

管理大师德鲁克说：

如果说卓有成效有唯一"秘诀"的话，那就是聚焦。[1]

这句话对学习也同样成立。我模仿德鲁克造个句：

如果说卓有成效的学习有唯一秘诀的话，那就是聚焦。

学习力的第三项修炼就是聚焦。

下面，我先讲一讲聚焦的理由，并提出一个简单的方法论，然后具体讲在学习上聚焦的几个策略。

聚焦：为什么与怎么做

聚焦的主要理由就是一句话：有少数事情比其他事情

更重要。这其实就是我们经常说的二八法则：20% 的因素占据了 80% 的重要性。

在学习上，为什么少数因素比其他因素更重要？主要有两个原因。

聚焦带来擅长

在学习上聚焦的第一个理由，是聚焦带来擅长。我们应该聚焦在少数领域，把它们打造为自己的长处。

我在北大汇丰商学院教 MBA 的时候，一个学生很骄傲地对我说，他这两年一共学了很多门课，是学校要求选的课的两倍。他可能期待我表扬他热爱学习。

我没有。我对他说："重要的不是你学过多少门课，而是你学透多少门课。你学透两门课，比学过 20 门课更管用。"

这应该是学习的"业余爱好者"和"职业选手"的一个重要区别：前者追求学得多，后者追求学得少。

数学家哈代谈到人的一个普遍特征：大多数人，连一件事情都做不好。能把一件事情真正做好的人已经是少之又少，也许只有 5% 或者 10%。而能把两件事情做好的人的数量则是微乎其微，可以忽略不计。[2]

德鲁克有同样的观察：

一个人只能在一个领域（最多也不过是极少数领域）取得卓越成就。[1]

一个 MBA 学生，如果学了 20 门课，肯定是横跨多个领域的，比如战略、营销、供应链、投资、会计、人力资源、管理经济学……你有本事在这些领域都出类拔萃吗？根据哈代和德鲁克的观察，不太可能。

你与其学 20 门课都学得很平庸（尽管也许成绩还可以），不如认认真真把其中一两门课学到极致。

这里有个好消息：你不太可能把 20 门课都学得很好，但是你把其中一两门课学好是可能的——如果你聚焦的话。

德鲁克将"能够把所有的资源投入某一项活动、某一个努力、某一种成就之中"称为"人类最特殊的天赋"。

芒格在对一群商学院学生演讲时也提出，不是每个人都能够成为网球冠军或者国际象棋冠军，但是他们中三分之二的人如果专心致志，都可以成为某个地区最好的管道修理承包商。

这里再说一说为什么不能"弥补短板、全面发展"。

一个原因就是刚刚讲过的：一个人的能力有限，做不到全面发展。如果你学 20 门课都能够学到极致，相比你只学一两门课学到极致来说，当然更好，但那是不太可能的。

另一个原因是：你没有必要全面发展。你只要有一技之长，就可以对社会做出贡献，社会也会提供相应的回报。这跟上一个原因是相关的：每个人的能力都有限，所以人类社会有分工和合作。

聚焦带来学习的马太效应

在学习上聚焦的第二个理由，是聚焦带来学习的马太效应。

上一个理由，强调的是你聚焦学习少数知识，把它们变为自己的长处，这少数知识因此相对其他知识更重要。这个理由强调的是，你聚焦学习的这少数知识，对你学习其他知识非常重要。

这个理由，跟学习的本质相关。这个学习的本质，就是学习力第一公式：

学习 = 我知道 + 我不知道

从这个公式可以推导出来，学习具有马太效应。

所谓马太效应，指的是富人会越来越富的现象。为什么富人越富、穷人越穷呢？就是因为富人有本钱，有资本，可以拿去投资，产生更多的钱。

学习建立在已有知识的基础之上，这跟投资以本金为基础是不是很像？所以，学习也有马太效应，知识多的人，知识会越来越多。

学习就是用已有知识去学新知识。这个已有知识，就好像投资上的本金，如果你的本金多，那么收益就高。而且，本金多了，你才可能投资一些门槛高的大项目。

有人可能会想：如果我不聚焦，而是发散地学很多知识，这样不是本金更多吗？如果你这样想，就大错特错了。你只有聚焦学习少数知识，才能从中提炼出"本金"。如果你发散地学很多知识，得到的更可能只是一堆"破铜烂铁"。

我刚才主要是用投资来比喻，但这些道理不难迁移到学习上。

聚焦的方法论

刚刚讲了聚焦的两个理由：聚焦带来擅长，聚焦带来学习的马太效应。从这两个理由，可以推导出在学习上聚焦的方法论：学得少而深。

哲学家怀特海提出过教育的两条戒律：第一，不要教太多科目；第二，要教就要教得彻底。[3]

毛泽东的老师徐特立告诫学生说：

我认为读书要守一个"少"字诀，不怕书看得少，但必须看懂，看透。

这个方法论看似简单，但是实践起来有一个难点。学得少，就意味着很多东西不学。难点就在于：哪些东西不学呢？

比较容易想到的，是不好的东西。正如叔本华所说：

坏的东西无论如何少读也嫌太多。[4]

比较难以想到而且更加让人难以接受的，是一旦你决定了聚焦的对象，那么其他的好东西也不要学！

企业家乔布斯非常懂得这个道理：

人们认为聚焦指对你想要聚焦的事情说"行"。这根本不是聚焦的意思。聚焦指对其他上百个好主意说"不"……决定不做什么跟决定做什么同样重要。

乔布斯领导苹果公司的时候，每年会带上最重要的一百名员工外出开一次会，讨论"我们下一步应该做的十件事情是什么？"。经过好几轮辩论，大家会确定前十件"最应该做的事情"。然后乔布斯会把后面七件划掉，宣布："我们只能做前三件。"[5]

投资家巴菲特跟乔布斯想到了一起。据说，他给其私人飞行员提了这样的建议：首先，在一张纸上写下他的前25个目标；其次，选出前5个；最后，把其余20个目标放在"不惜一切代价也要避免"的清单上。

我刚刚简单讲了聚焦的方法论：学得少而深。下面，我讲具体应用这个方法论的一些学习策略。

策略一：聚焦不变

聚焦式学习的第一条策略是：聚焦不变。我们要聚焦学习那些不变的规律，而不是日新月异的变化。

大多数事物没有变

一个显而易见的道理是：变化往往比不变更引人注目。还有一个"金句"——唯一不变的是变化——对这种"认识偏差"进行了合理化。因此，人们在学习的时候往往也求新，希望学习一些最新的东西。

未来学家奈斯比特曾经写过一本全球畅销书《大趋势》。他认为自己之所以能预见未来的趋势，要归功于一些思维模式。奈斯比特提炼出 11 个重要的思维模式，第一个就是：很多事物变了，但大多数事物没有变。

你要注意，未来学家的工作就是预见未来会有什么变化，但是有意思的是，奈斯比特首先强调：大多数事物没有变。奈斯比特甚至直接批判了"唯一不变的是变化"这句话，说它是十分荒谬的——

不管手机是否能够用来看电视，互联网是否能够进行通话，浴缸是否能够在你脱衣服的时候就自动放水，冰箱是否能够在听到你肚子咕咕叫的声音的时候自动开门，发生改变的都只是我们生活的方式，它们变得更加方便、快捷，但是我们生活的基本要素并没有改变。我们上学、结婚、生子，并把孩子送到学校上学，这并不会因为学校改革而发生变化。家庭和工作都是最重要的常量。

奈斯比特最后强调的"常量"，因为稳定不变，常常被你忽视了。但是，常量往往是更本质的内容，而变量则是更为表面的形式。

奈斯比特指出：

很多情况下，发生变化的并不是事物本身，而是我们做事的方式。不管别人的宣扬是如何铺天盖地，只要我们能够分辨出常量与变量，我们就能够有效地应对新的市场，并从变化中获利。

达利欧是世界上最大的对冲基金桥水基金的创始人，他曾经成功地预言了2008年的金融危机。有人问达利欧：所有投资者都应该读的一本书是什么？达利欧推荐的是历史学家杜兰特夫妇合著的《历史的教训》。

《历史的教训》是这样谈论人性的：

在历史的长河中，人性又改变了多少呢？从理论上讲，是一定会有所改变的，自然选择就已经假定了它既会作用于生理变化，也会作用于心理变化。然而，就已知的历史来说，人类的行为却又并未发生多大的改变……生活方式和生活工具虽然变了，但动机和目标依然如故。[6]

大多数事物都没有变，这是我们在学习上聚焦不变的第一个理由。

大多数变化不重要

我刚才说，大多数事物都没有变，很多人可能会反对，然后举出这个世界每时每刻都在变化的例子。这么说也有道理。

比如，我现在坐在一把椅子上，组成这把椅子的材料，又由很多微小的粒子组成，它们每时每刻都在变化。这把椅子跟一分钟之前相比，其实已经有很大变化了。

但是，这把椅子在一分钟之内发生的变化，也许对某些物理学家来说有意义，但是对我来说不重要。如果你认为这个世界每时每刻都在变化，可能是关注了太多琐碎的变化。

正是出于这个原因，赫伯特·西蒙主张"最佳利用时间的方式是完全不看报纸"[7]。他给博士生做讲座，说不用追踪新闻，每年读一次年鉴就好。

《禅与摩托车维修艺术》是美国 20 世纪 70 年代的畅销书，到今天也还拥有很多读者。作者罗伯特·波西格写道：

"什么是新的？"这个永恒的问题既有趣，也能拓宽思想，但如果老是这么问，最终只会得出无休无止的一连串琐事和时尚，只是明日的淤泥。我更喜欢考虑这个问题："什么是最好的？"这个问题是深挖而非拓宽，其答案会把淤泥冲到下游去。[8]

求新并非毫无意义，但是大多数新事物都会成为"明日的淤泥"。正如《历史的教训》所指出的：

每 100 种新的思路，其中至少有 99 种，可能连它们试图去取代的那些旧传统都不如。[6]

大多数变化都不重要，大多数新思路都很糟糕，这是我们在学习上聚焦不变的第二个理由。

"乔装打扮的不变"

很多时候，你以为遇上了新事物，甚至以为自己创造了新事物，其实是无知的表现。比如下面这个例子。

朋友圈曾经有人转一篇公众号文章，其中心观点是：

你眼中的问题，其实是别人的解决方案。

这篇文章举了这样一个例子：你觉得男朋友不理你，只顾自己打电子游戏。你认为这是个问题，对不对？实际上，这是你男朋友的解决方案。他觉得，跟你聊天太无聊了，于是用打电子游戏来解决问题。所以说，你眼中的问题其实是别人的解决方案。

这个观点的确有意思，但其实是一个乔装打扮的旧思想，比如，至今仍在流行的 NLP（直译为神经语言程序学，可以理解为一种"民间心理学"）建立在一些核心理念之上，其中之一就是：

每一个负面行为背后，都有一个正面理由。

你有没有认出来，这个核心理念，跟刚才那个观点——你眼中的问题，其实是别人的解决方案——是同一个思想的两种表达呢？"你眼中的问题"，就是一个负面行为；"其实是别人的解决方案"，那就是有一个正面理由。

在朋友圈转那篇文章的人，觉得自己是学到了一个新思想。但如果你学过 NLP，就知道这个思想并不新。实际上，NLP 的这个核心理念，也是乔装打扮的旧思想。这是一个可以一直追溯到苏格拉底的思想：

没有人会故意作恶。

苏格拉底的意思是：没有人会故意做对自己没有好处的事情。这个思想确实很伟大，难怪在两千多年后，还会被人改头换面再提出来。

大多数伟大的思想，都是很早就被人提出来了。真正原创的伟大思想，产生于最近十年的概率几乎为零。

很多时髦的新思想，往往只是"乔装打扮的不变"，这是我们在学习上聚焦不变的第三个理由。

以不变应万变

投资家芒格说：

你拥有的基本知识越多，你需要吸取的新知识就越少。

我用刚刚讲过的聚焦不变的三个理由来分析一下：为什

么你拥有的基本知识越多，你需要吸取的新知识就越少？

第一，大多数事物是不变的。你拥有很多基本知识，就是掌握了那些不变的规律，就足以应对大多数事物了。

第二，新知识不一定靠得住。实际上，新知识往往靠不住。管理学家马奇也经常强调：大多数新主意都是糟糕的主意。

第三，那些靠得住的新知识，往往也只是乔装打扮的旧思想。如果你对经典的旧思想掌握得好，就会发现很多所谓的新思想，其实只是换了个马甲的旧思想。与之类似，那些所谓的新情况，往往也只是乔装打扮的旧情况，因此，如果你对旧思想掌握得好，加以灵活应用，就足以应付绝大多数所谓的新情况。

我们不难得出结论：聚焦不变，以不变应万变。

正如亚马逊公司创始人杰夫·贝佐斯所说：

我经常听到这个问题："未来十年哪些事物会变化？"这个问题很有趣。这是个很常见的问题。我几乎从来没有听到这个问题："未来十年哪些事物不会变化？"我得告诉你，第二个问题实际上在二者之中更重要——因为你可以围绕那些在时光中稳定的事物来制定战略。

你把握住不变的常量，就能更好地从变化中获利。

聚焦经典

在学习上聚焦不变，就是聚焦在那些久经考验的精彩的参考答案上，也就是聚焦经典。

你可能想：经典那么多，怎么学得过来？其实不是这样的。新的参考答案（新书、新论文、新网文）每天都在出现，而经典的参考答案其实非常少。

学者陈寅恪年轻时拜访历史学家夏曾佑。夏曾佑说："我很高兴你懂得很多种文字，有很多书可看。我只能看中国书，但可惜都看完了，现已无书可看了。"陈寅恪想，这个老人家真是荒唐，中国书那么多，怎么看得完？

陈寅恪后来对表弟俞大维说："现在我老了，也与夏先生同感。中国书虽多，不过基本几十种而已，其他不过翻来覆去，东抄西抄。"

胡适发表过类似的观点，说得更为夸张一些：

我可以很诚恳地说，中国旧籍是经不起读的。……其中有条理有系统的精心结构之作，二千五百年以来恐怕只有半打。

他们说的是中国古代典籍，那么研究某一门现代的学问呢？朱光潜认为也不超过几十种：

任何一种学问的书籍现在都可装满一图书馆，其中真正绝对不可不读的基本著作往往不过数十部甚至于数部。[9]

我们应该聚焦经典，而且经典也没有那么多，也能够聚焦得过来。

关于聚焦经典，我再提三个建议。

第一，聚焦一本"向导之书"。

学习任何领域，都可以先读一本好的教科书或导论书。这是向导之书，它把我们带向经典。这样的书能够搭建体系，但我们的主要目的不是学它的体系，而是听它介绍：这个领域有哪些不变的问题？这些问题有哪些经典的参考答案？

第二，聚焦一本经典之书。

前面说了，经典书不会很多。尽管不多，我们也需要聚焦其中"一本"。

历史学家蒙文通用了这样的比喻来讲聚焦"一本"经典之书的重要性：如果你熟读一本经典，然后再读其他书，就好像资本家有了资本，然后以钱赚钱，可以赚大钱；如果你没有这样的经典为资本，那就好像苦力凭力气挣钱，只能挣些小钱。[10]

我很喜欢蒙文通这个比喻。他形象地解释了学习的马太效应的重要性。

华罗庚也指出：

读十本八本，不甚了解，反不如把一本书从头到尾读得精通烂熟。所谓烂熟，不只是会背会算，而是能掌握基本精神、基本原理，能够灵活运用……

第三，反复读一本书。

这个建议其实已经蕴含在上一个建议之中。由于它非常重要，所以还是单独列出来。

著名作家卡尔维诺对经典作品下了14个定义，第一个就是：

经典是那些你经常听人家说"我正在重读……"而不是"我正在读……"的书。[11]

博尔赫斯也是重读的倡导者：

还有比阅读更好的事，那就是重读，深入到作品中去，丰富它，因为你已经读过它。我要劝大家少读些新书但要更多地重读。[12]

重读为什么重要？我自己体会，至少有三个原因：

- 只有多次阅读，才能真正掌握书中的核心内容
- 自己在成长，所以每次重读会有新的领悟
- 即使自己没有成长，每次读的时候因为心态不同、需求不同，也会有不同的领悟

反复读应该读几遍呢？

朱光潜认为，"凡值得读的书至少须读两遍"，而且具体介绍了重读的方法："第一遍须快读，着眼在醒豁全篇大旨与特色。第二遍须慢读，须以批评态度衡量书的内容。"[13]

叔本华也认为至少要读两遍，而且应该在读完一遍之后马上读另一遍。

赫伯特·西蒙则说：凡是值得读的书至少读三遍。

苏东坡说："旧书不厌百回读，熟读深思子自知。"

你可以看到，学习的"业余爱好者"往往强调多读不同的书，盲目相信所谓开卷有益，而学习的"职业选手"则强调重读同一本书。

关于重读多少遍，他们的说法则有所不同。到底多少遍呢？我认为没有标准答案，应该看情况。

苏东坡学习法

怎么重读，也没有标准答案。不过，苏东坡提供了一个精彩的参考答案。

苏东坡认为，一本好书里宝物太多，不可能一次取完，所以要反复读，而且每次只从一个角度去读。苏东坡读《汉书》时，列出治道、人物、地理、官制、兵法、财货等多个主题，每次阅读聚焦在一个主题上。

这个"苏东坡学习法"，可以说是下面这个故事体现的"九方皋式学习法"的扩展。

秦穆公要伯乐去找千里马。伯乐推荐了九方皋。九方皋找了三个月，回来报告说找到了一匹千里马，是黄颜色的母马。马运回来，结果是黑色的公马。大家嘲笑九方皋，连马的毛色和性别都搞错。可是一试之下，果然是匹千里马。

伯乐说，九方皋相马是"见其所见，不见其所不见，视其所视，而遗其所不视"。

学者金克木把这个道理迁移到学习上，指出：读书也要"见其所见，不见其所不见"，"择其一端，不及其余"。[14]

九方皋相马，只注意这匹马的跑动能力，不注意它的性别和毛色。用到读书上，就是带着一个明确的主导问题去读书，只注意跟这个问题相关的部分，忽略与这个问题无关的部分，这可以称为九方皋式学习法。

苏东坡学习法就是每次带着不同的主导问题，对一本书反复使用九方皋式学习法。

策略二：聚焦实用

聚焦式学习的第二个策略是：聚焦实用。各个学科、各个领域都有不变的规律，而我们不能什么学科、领域都学。我们还得继续聚焦——聚焦学习那些对自己有用的内容。

人生三大课题

我有个中学时代的朋友，现在是某个企业的门卫。我们偶尔见面，他也喜欢跟我聊宏观经济、中美关系什么的。我说："你关心这些有什么用呢？"

我们应该关心对自己有用的内容。说得稍微具体一些，我们应该关心人生三大课题：工作、人际关系、个人成长。我们也应该围绕这三大课题进行学习。

许多人强调了前两大课题。比如，心理学家弗洛伊德说人生的意义是爱与工作。又比如，心理学家阿德勒说人生三大课题是爱、工作、人际关系，看起来跟弗洛伊德不一样，其实差不多，因为爱是一种特殊的人际关系。

我认为，在弗洛伊德和阿德勒所说的工作和人际关系之外，我们还应该加上个人成长，也就是古希腊哲学家伊壁鸠鲁、苏格拉底等强调的"关心自己的灵魂"，也就是彼得·圣吉所说的"你花费你的一生来成为人"。

我那位当门卫的朋友，研究宏观经济和中美关系能不能算作促进个人成长的学习呢？不算。因为个人成长一定会体现在工作和人际关系上，如果你学的东西不能最终用到工作和人际关系上，那你实际上并没有成长。

联合国教科文组织提出过"教育的四大支柱"[15]：

- learn to know，学会认知

- learn to do，学会做事

- learn to live together，学会共同生活

- learn to be，联合国的官方译文是"学会生存"，但我
  觉得翻译成"学会成为自己"更好一些

这四大支柱中除了"学会认知"，另外三个跟人生三
大课题一一对应——学会做事对应工作，学会共同生活对
应人际关系，学会成为自己对应个人成长。

你有没有留意到，所谓的"教育的四大支柱"其实说
的都是"学习"，但是为什么被称为"教育"的四大支柱？
那是因为联合国的这个报告是给教育工作者看的，希望他
们改变教育方式。

但是我们作为成年人，不能坐等教育方式的改变，而
是需要自己承担学习的责任。我们不但要自己"学会认
知"，而且要面向人生三大课题来求知。

结合工作来学习

我观察到的学习的"业余爱好者"的通病，不仅是学得多而杂（当然也就很浅），而且学的东西还跟自己的工作没多大关系。他们可以侃侃而谈一些"时髦"的知识，一些"高大上"的知识，但是如果被问到一些跟他们工作相关的知识，他们往往张口结舌，不知道如何回答。

我前面谈到过一个读者 H。我之所以最终断定他是一个学习上的"天文学家"，就是了解到他从事销售工作之后，问了他这样一个问题：FAB 销售法是什么？而他竟然完全不知道。

FAB 是一个基本的销售模型，在很多行业，它是销售员的第一课。当然，一个"普通"的销售员，如果不在这些行业，平时学习也不多，那么不知道这个方法也很正常。但是一个"热爱学习"的销售员不知道 FAB，那就不正常了。因为不管你在哪个行业，稍微学习一下销售，就会碰到 FAB。

在人生三大课题中，我建议你首先围绕你的工作来学习。

有人把结合工作的学习称为功利性学习。这样说其实不准确。因为"功利"就是有用的意思，学习只要有用，都是功利性学习。不过在本小节，我们暂时用功利性学习专指结合工作的学习。

功利性学习很重要。为什么呢？这可以用学习六要素模型来解释。

学习六要素

我提出的学习六要素模型是在管理要素模型的基础上建立的。

所谓管理，就是利用资源实现目标的活动。学习同样也是一种管理活动，因此我们可以借用已有的管理要素模型，来建立一个学习要素模型。

法约尔的管理五要素——计划、组织、指挥、协调、控制，是适用于一切管理活动的模型。德鲁克的管理者五项工作的模型，或者马利克的管理者五大任务的模型，或者所谓的戴明环，都是法约尔五要素模型的变形。[⊖]

以上这些模型，都包含两个要素：目标（计划）和反馈（控制、监督）。这两个要素也应该包括在学习要素模型之中。

⊖ 参见《刘澜极简管理学》一书中的相关讨论。

出于以下两个原因，我还需要对以上管理模型做出一些调整：第一，这些模型主要是为组织管理而建立的，而学习主要在个人层面发生；第二，学习主要是一种认知活动，一个专门的学习要素模型需要考虑到学习在认知层面的特殊性。

我最后建立的学习六要素模型包括以下要素：目标、动力、挑战、方法、练习、反馈。

学习力第一公式纯粹是从认知的角度来分析学习，而学习六要素模型则主要是从管理活动的角度来分析学习，也考虑到了学习作为认知活动的特殊性。

学习六要素模型跟其他管理要素模型最大的区别在于其中的"挑战"这一项。在其他管理活动中，为了顺利实现目标，挑战是越小越好。但是对学习来说，由于其作为认知活动的特殊性，挑战并不是越小越好。如果挑战太小，反而学不到东西，这时候还需要主动增加挑战，这种对学习有利的挑战被学习科学家比约克称为"有益难度"[⊖]。

如何把一个学习活动变得更加有效——比如，你怎么

⊖ 有人把比约克提出的"desirable difficulties"翻译为"必要难度"，没有准确传达出原意，翻译为"有益难度"更好。还有人翻译为"合意困难"，也符合原意，不过更拗口一些。

读这本书才更有效，你如何设计一个培训课程才能让参加者更有收获——是一个非常重要的问题。而学习六要素模型为回答这样的问题提供了一个清晰的分析框架。如何让一个学习活动更有效？从这六个要素着手！

我们用这六个要素来分析一下结合工作的功利性学习为什么有效。

功利性学习的"目标"是为了解决工作上的某个具体问题。这个目标明确，跟自身密切相关，而且对自己所在的集体有价值。

这样的目标直接带来了"内在动力"，包括完成工作的意义感、产生成果的成就感、与同事之间的联结感。而且，还可能带来获得领导认可、加薪、晋升等"外在动力"。

你要解决的问题是一个走出舒适区的"挑战"，它创造了一个学习机会。

你要解决的问题也许是其他同事曾经解决过的，或者是他们正试图解决的，你可能在"方法"上从他们那里得到启发。

在工作中解决问题，给你提供了（反复）"练习"的机会。

在工作中解决问题提供了多个层面的"反馈"：问题能否成功解决，这个结果本身提供了一个内在的反馈；同时，你可以听到来自上司和其他同事的反馈。

所以，我强烈主张职场人士结合工作进行学习。

有人问过我，说他并不喜欢现在的工作，该怎么办？我有两个建议。

第一，你不喜欢现在的工作，有可能是你不擅长，做得不好，所以不喜欢。你结合工作进行学习，有可能就做好工作了，很可能就喜欢了。

第二，如果你确定不喜欢现在的工作，那就找个自己喜欢的工作，然后结合新工作进行学习。人生苦短，为什么一定要做自己不喜欢的工作呢？

还有人反对聚焦式学习，认为自己学的这个现在没有用，但将来也许有用呢？

我会这样回答：有那么多现在就可以帮助你提升工作业绩、改善人际关系、促进个人成长的知识，为什么不学呢？

我主张，与其结合"将来也许有用"学习，不如结合"眼前肯定有用"学习。

举个例子，有些人在微信朋友圈打卡学英语。尽管学英语很可能不是他们的当务之急，但是也不会完全没用。只不过，要让学习英语更有效，他们需要改变学习方式。

我会这么建议他们：如果你是个出版社的编辑，就从你们社出版的英文翻译书中找一本你最感兴趣的，对照原文自己翻译一遍，并且跟现在的译文比较。这样你不但学好了英文，将来还可能成为负责外版书的副总编。

如果你是个核电站的员工，就每天搜索一下跟核电相关的英文新闻，然后阅读、翻译、传播……这样你不但学好了英文，将来还可以领导公司的战略发展部。

获得过诺贝尔奖的生物学家梅多沃说：

掌握某种新技能、学习某门新学科，最大的动力在于急切地需要应用。基于这一原因，许多科学家（我当然也在其中）在没有感到压力时并不学习新学科和新技能，即便这些东西很容易掌握。[16]

梅多沃显然也同意：如果对自己现在没有用，就不用学；而如果现在就有用，人们学得更带劲，掌握得更好。

"小偷"式学习法

不管是结合工作的功利性学习，还是在人际关系和个人成长上进行学习，都可以用"小偷"式学习法。

"小偷"式学习法有如下三个特点。

第一，学习的对象很广泛、很发散。好比流窜作案的小偷，不管是谁，都可能成为他下手的对象。

第二，学习的目标很明确，只对那些对自己有价值的东西感兴趣。好比小偷进入一所房子，他不会关心这所房子设计风格是什么样的，主人有什么兴趣爱好，他只关心一件事，就是能带走什么有价值的财物。

第三，追求学习的效率，要快速有收获。好比小偷只图挣快钱，所以他只带走最容易带走、最容易变现的财物。

我们拿读书来举个例子。

你可以广泛地读书，但是读的时候不求面面俱到，而是去发现书中对自己的工作、人际关系和个人成长有用的内容。对人生三大课题没有用的内容，你就迅速翻过去。

这样读书的话，一本 300 页的书，你可能只发现了 3 点对自己有用的内容。你把这 3 点记下来，用在自己的工作和生活中，这就够了，这本书就没有白读。

还有一种学习法，它容易跟"小偷"式学习法混淆，叫作游客式学习法。

有些人也读很多书，听很多课，目的却是好玩，而不是有用。他们就跟那些到了某个景点，拍张照、打个卡的游客一样。他们也许欣赏了美丽的风景，觉得很快乐；或者在朋友圈"晒一晒"，觉得很快乐。但是这些快乐很快就过去了，没有留下长期的价值。

游客式学习跟"小偷"式学习有本质上的不同——小偷也去很多地方，但是有明确的目的，要带走有价值的东西。

我再区分一下"小偷"式学习法和前面谈到的九方皋式学习法。九方皋式学习的目的比"小偷"式学习更聚焦，进行九方皋式学习的人好比一个只偷珠宝的"小偷"。

策略三：聚焦擅长

聚焦式学习的第三个策略是：聚焦擅长。

这个策略跟前面谈到的结合工作来学习是相关的。你应该做自己擅长的工作，同时继续打磨你所擅长的东西。

做专才还是做通才

有这样一种对人的分类法：狐狸与刺猬。

它们出自古希腊诗人阿尔基洛科斯的诗句："狐狸多技巧，刺猬只一招。"整首诗已经失传了，只留下这句话，所以到底是夸狐狸还是夸刺猬呢？不知道。

思想家伯林借此来比喻两种人：有些人的思想像狐狸，思想庞杂，没有一个一以贯通的体系；而有些人的思想像刺猬，有个大一统的体系把它们串起来。

现在，一般用狐狸和刺猬来比喻通才和专才。[一]做专才还是做通才呢？[二]我的标准参考答案是：做专才。

管理大师德鲁克也是这个答案。他认为所谓的狐狸，只是披着狐狸皮的刺猬：

有些人的确兴趣广泛——也就是我们通常所说的"全才"。但是，在多个领域取得杰出成就的人还没有出现。达·芬奇尽管涉猎甚广，但也只是在设计领域有所建树；

[一] 这其实不是伯林的原意。通才与专才是个常见分类，伯林的分类专指两种不同的思想家，尽管只有一个维度，但仍然是一个洞见分类。

[二] 聚焦擅长跟下一个策略聚焦专题是密切相关的。后面讨论的聚焦与发散的关系，可以视作对做专才还是做通才的讨论的补充。

如果歌德留下的不是诗歌而只是他在光学和哲学方面的著作，那么即使在最完整的百科全书中，他也不会成为一条脚注。伟人尚且如此，我们这些平凡人更不用说了。[1]

德鲁克谈到的歌德到了晚年，也感叹自己"本该把精力更多地用在自己的专业上"。歌德告诫一个青年作家说：

永远要专心致志于一件事，不能有任何的分心和旁骛。[17]

投资家巴菲特是聚焦擅长的榜样。他 5 岁时在家门口摆了一个卖口香糖的摊子，向过往行人兜售。9 岁时跟小伙伴一起数饮料机吐出来的瓶盖，对哪种品牌卖得好进行市场调查。11 岁开始买卖股票。14 岁时从自己卖报的利润中拿出 1200 美元，投资到一块 40 英亩⊖的农场上。[18]

巴菲特所有的学习和工作，都紧紧围绕自己擅长的一件大事：投资致富。

一个创业企业家的学习误区

有一些"热爱学习"的创业企业家，上了很多培训

⊖　1 英亩 = 4046.856 米^2。

课程，从企业战略到财务、营销、供应链管理、项目管理……而相比之下显得很有意思的是，华为公司创始人任正非多次说自己不懂财务、不懂营销、不懂技术。

我跟一位"热爱学习"的创业企业家谈到任正非的例子。她说：现在企业小，所以自己什么都要学；以后企业大了，许多事就可以交给专业人士来做。

但在华为规模很小的时候，任正非也没有打算自己学财务、营销、技术。他的人际能力不强，也没打算提高。他把不擅长的事情交给别人做，自己聚焦在擅长的概念能力上。

每个人都有短处。短处决定了你不能做什么。但是对你的人生来说，更重要的不是你不能做什么，而是你能够做什么。你的关键任务是发展自己的长处。德鲁克说过，组织之所以存在，就是让个人的短处变得无关紧要。

那位创业企业家认为，因为企业现在不够大，所以自己不能聚焦在自己擅长的领域上。其实她可能需要练习一下"反过来想"。这里的因果关系可能是反过来的——正是因为她不能聚焦在自己擅长的领域上，而且企业的其他人也不能聚焦在自己擅长的领域上，所以企业做得不够大。

一个销售管理者的学习误区

我曾经见到一个读者 P。他曾经是个医生，后来在外企做医疗器械销售，现在跟人合伙创业，负责管理销售团队，其公司的主营业务是销售医疗器械。

我跟 P 谈到 FAB 销售法，他竟然也不知道！这比前面谈到的 H 更让我惊讶，因为 P 出身于外企，经历过外企的培训，而外企是非常重视销售方法论的；P 不仅做销售，而且现在管理销售团队，需要提炼销售方法论来教团队；P 的医生经历，应该让他比一般销售员（比如 H）更会学习，而且 P 也表现出热爱学习的样子。

FAB 是一个非常基本的销售模型，只要你上过不止一门销售培训课，读过不止一本销售书，你就应该碰到过它。

我跟 P 说，他读过的销售书肯定不超过 5 本。他说是。他肯定没有想到这一点：当初为了成为一个医生，他读过的书不会少于 50 本。这说明他没有认真学习销售。

他也许曾经是个不错的销售员，但很难说他是销售专家（掌握很多销售方法论），更不可能是优秀的销售老师（有很多销售方法论可以教别人）。P 想跟我讨论的一个主要问题就是如何带好销售团队。而他对学习销售下的功夫不够，这对他带好销售团队显然是很不利的。

P后来运用从我这里学到的学习知识，对自己这个案例做了很好的概括：自己销售90分，领导力70分，所以想要学领导力（所以知道了我），但是现在知道了，自己更应该聚焦于学习销售。

我顺便说一说FAB是什么：

- F指功能（feature）
- A指优势（advantage）
- B指利益（benefit）

比如销售一台医疗器械，你需要介绍产品有什么功能（如这个机器的显示精度是1000万像素），相对于竞争对手有什么优势（竞争对手的产品只有500万像素），能够给客户带来的利益是什么（某些疾病的症状只有用1000万像素的机器才能显示出来）。

我对FAB有个改造。我称之为"我他你"模式：

- "我"有什么特点、功能

- 比"他"有什么优势

- 对"你"有什么好处

重点要落在最后的对"你"有什么好处上。

这个模式还可以用来推销自己。比如竞选或者应聘的时候，你的介绍可以是：我有哪些资历和能力？相对于别人有哪些优势？能够给你们带来什么好处？

我在这里介绍 FAB，还有个重要的原因——它其实可以用来帮助我们理解"擅长"这个概念：擅长不仅要从你自己身上找（F），更要从你跟别人的比较上找（A），而最终要从你给社会带来的贡献上找（B）。

策略四：聚焦专题

聚焦式学习的第四个策略是：聚焦专题。你应该聚焦在少数几个专题上。

专题与聚焦

聚焦专题中的"专题"，指的是一个"专门的问题"：

- 它是一个问题，可以用提问的形式呈现出来

- 它是一个比较具体的问题，往往有着特定的用途

- 要回答这个问题，所需要的知识往往是跨学科、跨专业的

专题跟你大学里学的专业领域不太一样。比如说，心理学是一个专业领域，但不是一个专题，而"父母怎么教育孩子更有效"这样一个具体的问题，就是一个专题。要回答好这个问题，主要会用到心理学知识，但也需要用到其他学科（比如社会学、教育学）的知识。

专题跟你大学毕业以后从事的职业领域也不太一样。比如说，人力资源是一个职业领域，但不是一个专题，而"怎么做好绩效面谈"就是一个专题。后者是一个很具体的问题，尽管看起来，它只是人力资源管理的一个分支——绩效管理——下面的一个小问题，但它其实很不容易回答。要回答好这个问题，你至少还需要对沟通和领导力有研究。

而聚焦专题中的"聚焦"，指的是调动一切相关知识，来攻克这个专门的问题。

　　显然，跟专题相关的知识往往是跨学科的。那些把自己局限在某个学科范围之内的专家，往往不能真正解决问题。而那些看似跨越多个学科的通才，其貌似广泛的兴趣往往聚焦在少数的核心问题上。

　　我举两个例子。

　　一个例子是已经多次提到的赫伯特·西蒙。他涉足政治学、管理学、经济学、计算机科学、心理学等多个学科，而且他在所涉足的这些学科，几乎都得到了最高的认可。

　　但是，西蒙认为他一生的研究其实都是围绕他"在1935年就发现的一个问题"（那年他19岁，还是个大学生）进行的。这个问题，西蒙有时表述为如何"调和组织中的决策实际上是怎样进行的和经济学家假装它们是如何进行的之间的矛盾"，有时表述为"在新古典经济学模型对理性的假设条件不能成立的时候，人是如何推理的"。

　　换句话说，西蒙聚焦的专题就是"人是如何决策的"。他在政治学、管理学、经济学、计算机科学、心理学这些领域的研究，都是围绕这个问题进行的。

　　另一个例子是马奇。马奇生前为斯坦福大学商学院、教育学院、社会学系和政治学系联合聘请的教授。《哈佛

商业评论》杂志采访他，说他跨越的学科非常之多。马奇
回答说：

> 我的研究领域其实相当狭窄，而这个相当狭窄的领域
> 正好位于几个学科的交叉之处，事情就是这样。[19]

马奇聚焦的专题跟西蒙其实相当接近。他跟西蒙曾经
是同事，并合著过《组织》一书。如果说西蒙聚焦的专题
是"人是怎么决策的"，马奇聚焦的专题则是"组织是怎
么决策的"。这两个专题很相似，所以他们才有交集，有
合作；这两个专题的不同也在很大程度上说明了他们的轨
迹在交叉之后的分叉。

我刚才举的是两个学者的例子。你很可能不是学者，
但是你也应该聚焦一两个专门的问题。这其实是胡适多次
对大学毕业生谈到的建议：

> 每个人离开学校，总得带一两个麻烦而有趣味的问题在
> 身边做伴，这是你们入世的第一要紧的救命宝丹。问题是一
> 切知识学问的来源，活的学问、活的知识，都是为了解答实
> 际上的困难，或理论上的困难而得来的……只要你有问题跟
> 着你，你就不会懒惰了，你就会继续有智识上的长进了。

聚焦专题的四个好处

概括来讲，聚焦专题有以下四个好处。

其一，知识饭碗。

你只有聚焦一个专题，才能把这个专题变成你的长处，变成你的核心竞争力。你能靠这个长处吃饭，就是捧上了一个"知识饭碗"。

其二，知识磁铁。

你只有聚焦一个专题，才能掌握这个专题的深层知识，然后你可以用这些知识去吸收其他相关知识，就好像用一块"知识磁铁"去吸收知识的碎片。

其三，知识钥匙。

聚焦一个专题，可以在多个学科的知识之间建立联系，你聚焦的专题知识也可以用来解决不同的问题。因此，你就可以从这个专题涉及的某一个学科，延伸进入这个专题涉及的其他学科，或者从一个专题延伸进入跟它相邻的专题。

华罗庚倡导"宽、专、漫"的治学之道：基础要宽，专业要专——

而"漫"就是在你搞熟弄通的分支附近，扩大眼界，在这个过程中逐渐转到另一分支，这样原来的知识在新的领域就能有用，选择的范围就会越来越大。

聚焦专题，让你有了一把"知识钥匙"，可以用来打开其他知识宝库，可以做到华罗庚所说的"漫"。

其四，掌握元知识。

这个好处跟上一个好处有点像，也是说聚焦专题可以帮助你学习其他知识。不过，这个好处强调的不是学到具体的专题知识，而是一种更为高阶的知识、一种特别的"元知识"，即"如何精通并运用专题知识"的知识。

在你精通一个专题之后，你就有很大的可能性拥有这种元知识，然后用它来学习任何新专题，不管这个新专题跟你之前聚焦的专题有没有关系。

与赫伯特·西蒙等人并列为"人工智能之父"的计算机科学家马文·明斯基建议"将通识教育推迟，直到每个孩子对在某种专业领域成为专家有了些体会，再去开展更多学科的学习"——

因为一个人在掌握检索和使用相关知识所需要的心智

技能之前，很难单独使用知识的各个片段。[20]

我认为，明斯基这里强调的其实是要先学会"如何精通并应用专题知识"的知识。

《布莱克维尔社会理论家指南》一书中提到：

（社会学家齐美尔）特别喜欢讲这样一个故事：一个农场主临终之际躺在床上，让孩子们去寻找他埋在地下的财宝。孩子们听从他的指示，坚持不懈地挖掘，但一无所获。然而第二年，这块土地收获了三倍的收成。

齐美尔宣称，正如这些子孙一样，我们不会找到什么财宝，但我们在寻宝过程中辛勤耕耘的世界将会反复证明我们的劳作富有成效，因为这种耕作是我们的想象力、智力和精神得以发展的必要条件。[21]

齐美尔谈到了聚焦专题的学习者与这些农场主的子孙的相同之处——都耕耘了一块可以长出各种作物的土地（这对应于第二个好处），都提升了自己的耕作能力（这对应于第三和第四个好处）。

不过，两者还不完全一样。农场主的子孙不知道该挖掘哪一块土地，而聚焦专题的学习者是有方向的，因此他们大概率会找到财宝。这些财宝就是第一个好处：知识饭碗——源于对长处的培养。

伯林就是通过研究一个本来并不擅长的专题，走上了自己的思想家之路。一套丛书的主编找人写一本介绍马克思的书，找了好几个人，他们都没有同意。主编最后找到当时对马克思既没有研究，也没有特别兴趣的伯林。伯林接下这个任务，开始研究马克思，以及其他相关著作，"就这样我开始了思想史这个方面的研究"……[22]

德鲁克说他每三年研究一个专题。另一位管理思想家大前研一说他每年研究一个专题，研究的深度达到写一本书的程度。他们在这些专题上，可以跟全世界专门研究这些问题的专家进行认真的讨论。

当然，他们两个人都是咨询顾问，学很多东西是工作的要求。你不用像他们一样研究那么多专题。你可以选择一个专题，用5年的时间成为这个专题的小专家，用10年的时间成为这个专题的大专家。

有没有一个专题，你比你周围的人（比如你们公司的人）都懂得更多？比你所在城市的人都懂得更多？把所在城市改为你所在的行业或者中国呢？有没有一个专题，你可以跟业内资深专家一起讨论上至少半天？

聚焦专题的一个例子

我给你举一个聚焦专题的例子，主人公就是我自己。我在学习上最大的进步，来自对领导力这个专题的聚焦。

我做过报社的记者和编辑，并且长期担任一家杂志的总编辑，算是个媒体人，拥有媒体人的通病：知道得多而浅。尽管我是在管理类媒体工作，相对比较聚焦——聚焦在管理领域，但是就管理而言，我仍然是知道得多而浅。

后来，我决定聚焦在领导力领域，学习了领导力领域各个大师的思想，并建立了自己的领导力体系，也就是我提出的领导力的十项修炼和十句口诀。

我聚焦领导力，体现了前面讲到的四个好处。

领导力成为我的长处，变成了我的知识饭碗。

我的领导力体系成为知识磁铁，使我能够快速吸收与领导力相关的各种知识。

我通过研究领导力涉猎了多个学科的知识，为我研究新的专题（比如学习力）打下了基础，领导力就像是一把知识钥匙，为我打开了更多的知识宝库。

对领导力的学习让我在一定程度上掌握了元知识，给了我学习其他新专题的能力和信心。这跟上一点结合在一起，帮助我比较迅速地建立了自己的学习力知识体系。

"大盗"式学习法

简单地说，聚焦专题有以下四个步骤。

第一步，找准你要聚焦的问题。

你要聚焦的这个问题，最好是你实际面对的一个具体问题。如果你从事销售工作，那你可以聚焦这样的问题：如何开发新客户？或者，如何开发大客户？或者，如何把新产品卖给老客户？

第二步，围绕你聚焦的问题，读上 100 本书。

这里的 100 本只是一个概数，你不要把这个数字理解得过于死板了。很多时候 100 本是不够的。但是，也不排除你所聚焦的专题不是那么难，或者你设定的目标不是那么高（比如不是成为整个行业的专家，而是成为你所在的那个小团队的专家），也可能读上 10 本就可以了。

读这 100 本书的过程也是有讲究的。首先，你需要用上前面讲过的一个策略：聚焦不变。当时提到的三条建议，你都应该用上。

而且，你还要用上后面要讲的另一个策略：聚焦作者。你要聚焦提出了经典的参考答案的少数作者。比如我研究领导力，就聚焦了十几位领导力大师。我对他们几乎所有的著作都认认真真研究过。十几位大师，每人几本书，光读他们的书，就超过 100 本了。在这十几位大师之中，我也有所侧重，我的领导力体系主要借鉴了其中两三位的思想。

第三步，提炼出自己的答案，形成自己的体系。

聚焦专题的这三步，可以称之为"大盗"式学习法。这可以与前面提出的"小偷"式学习法对应。尽管"小偷"式学习法比游客式学习法更有效，但它还不是那么有效。"小偷小摸"是成不了大气候的。

"大盗"式学习法不是带走一些零碎的有价值的东西，而是把"富豪"家里有价值的东西都搬回家。它只是搬空一个"富豪"的家，而是把好几个"富豪"的家都搬空了。而且，它并不是把搬回家的有价值的东西随意堆积起来，而是将其重新组合，建构出可以跟那些"富豪之家"相媲美，甚至超越它们的一个新家。

发散式聚焦

聚焦专题的第四步是发散式聚焦。

聚焦的反义词是发散，但是聚焦与发散并不截然对立。聚焦在一个专题上，并不是说不可以在专题之外发散。

前面讲到，巴菲特的建议是列出 25 个目标，然后把后面 20 个都划掉，而且不惜一切代价去避免。巴菲特这样说后面 20 个目标："不管怎样，这些事情都不应该引起你的注意，除非你已经成功地完成了前 5 个目标。"也就是说，成功聚焦之后，也可以发散。

与追求其他目标相比，学习有其特殊性。在其他活动中，目标与目标之间更可能相互排斥，一个资源用在某一个目标上，往往就不能同时用在另一个目标上。而学习与学习之间更可能相互促进，一个知识不仅能用来解决一个问题，还往往可以同时来解决另一个问题。

只是，学习之间的促进需要方法。发散式聚焦就是一种有效的学习方法。

所谓发散式聚焦，就是在聚焦之后的发散，但是这个发散是为聚焦服务的。

如果说聚焦专题的前三步是"大盗"式学习法，第四步的发散式聚焦就是"小偷"式学习法。这时候的"小偷"式学习法，跟前面讲的针对人生三大课题的泛泛而学不一样，而是只针对自己聚焦的专题而学。

从目标明确来说，它跟之前讲的九方皋式学习法有点像。但是九方皋只相马，涉及的对象比较单一，而这时候的"小偷"尽管目标明确，但是"偷"的对象是比较广泛的。

我还是以自己为例。我在学习领导力的同时，也读很多其他领域的书。前者是聚焦，后者是发散。不过，我在读其他领域的书时，常常停下来问自己这些问题：这跟领导力有什么关系？这对我的领导力研究有什么启发？在领导力中可以怎么用这个知识？

我在研究学习力的过程中，也发散地读了很多书，包括重读一些之前研究领导力时读的书，这时候，我聚焦在与学习力有关的知识上。

聚焦第一，发散第二

发散式聚焦是聚焦之后的发散，是貌似发散的聚焦。

学习上既要聚焦也要发散，但是聚焦是第一位的。我这里说的"第一位"主要不是指时间先后，而是指重要性。

从时间先后来讲，聚焦之前可能需要一段时间的发散，其主要目的是确定聚焦的对象，这也是为聚焦服务的。聚焦之后则一定要发散，一方面因为你已经有了发散的本钱，另一方面则是要通过发散来聚焦。

我也经常读到一些貌似是把发散放在第一位，或者认为发散与聚焦同样重要的主张。

比如，胡适说：

读书有两个要素：第一要精，第二要博。……什么书都要读，就是博。古人说："开卷有益"，我也主张这个意思，所以说读书第一要精，第二要博。

又比如，物理学家、诺贝尔奖获得者杨振宁对青年人这样建议：

青年人应该多读自己专业以外的书，即使是一知半解，也比完全不懂来得有用。青年人应该常常到图书馆去浏览一下，开卷有益嘛！要随时随地把自己的知识面拓宽一些。[23]

对这样的主张需要进行更深入的思考，问这样一些问题：谁说的？在什么情况下说的？他们还说了些什么？隐含的假设是什么？

胡适说读书"第一要精，第二要博"，尽管可以理解为并列关系，但是，我们再来看胡适对"博"的具体阐述：

他用他的专门学问做中心，次及于直接相关的各种学问，次及于间接相关的各种学问，次及于不很相关的各种学问，以次及毫不相关的各种泛览。

可以看到，胡适仍然是把"精"放在第一位的，"博"是为之服务的。

至于杨振宁倡导开卷有益，我的理解是他有一个隐含的假设，就是你先学好了你的专业（这个隐含的假设，胡适其实明确表示了出来）。比如，杨振宁也喜欢写诗，但是他对这个世界的贡献，以及这个世界对他的认可，聚焦在他的物理学研究上，而不是他的诗歌。

比较五种学习法

本章先后谈到五种典型的学习法：

- 苏东坡学习法

- 九方皋式学习法

- "小偷"式学习法

- 游客式学习法

- "大盗"式学习法

它们之间是什么关系呢？我们可以把它们放在同一个坐标系中（如图3-1所示）。

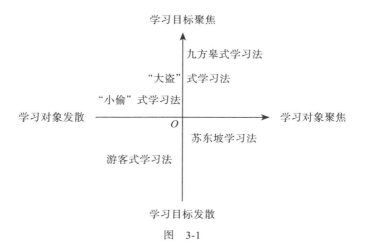

图　3-1

这个图区分了学习目标上的聚焦和学习对象上的聚焦。横轴是学习目标是否明确（学习目标上的聚焦），纵轴是学习对象是否广泛（学习对象上的聚焦）。

你可以看到，"大盗"式学习法、"小偷"式学习法和苏东坡学习法，都是不同程度上的聚焦和发散的结合。有效的学习，是需要结合发散与聚焦的。

策略五：聚焦作者

聚焦式学习的第五个策略是：聚焦作者。你应该聚焦少数作者，深入阅读他们所有的书。

如果你发现一个非常喜欢的作者，那么应该接着读这个作者所有的书。与聚焦专题是为了系统掌握一个专题相似，聚焦作者是为了系统掌握一个作者的思想体系。

朱光潜说读书要"读得彻底"，聚焦作者也是把一本书读彻底的方法之一。这也是神话学家约瑟夫·坎贝尔介绍的读书法：

我给我的很多学生提出这样的建议，当你发现一位作者特别吸引你时，你应该读他的所有作品，这样比东读一点西读一点的收获更大，理解也更深入。然后看影响这位作者或与他相关的其他作者的书，这样你会以系统的方式构建起你惊人的知识世界。[24]

　　一个作者，尤其是刺猬式的作者，会帮助你建立起一个思想体系。即使是狐狸式的作者，他的思想体系看似庞杂，但也是彼此交织在一起的网络。如果只是学到只言片语，那是只见树木、不见森林，甚至是只见树叶、不见树木。

　　聚焦作者其实也是一种发散式聚焦：阅读一个作者所有的著作，在对象上是发散的；阅读的目标则是聚焦的——发现这些著作背后共有的少数核心模式。

　　学者袁江洋推荐了四种读书法，其中之一就是读一个作者所有的著作和论文。⊖而且，他建议"同时"阅读这个作者的所有著作：

　　　　同时阅读是很重要的。不要读完一本再读一本，这样费时间，且不易找出书与书之间的关联。

　　你读一个作者所有的书，其实相当于聚焦一个小的专题，对这些书，你需要翻来覆去、反反复复地读。我认

　　⊖　另外三种分别是：精读一本书（与我讲聚焦不变时的建议相同），读一个学派的书，读一个主题的书（后面两点包含在我说的聚焦专题之中）。

为，在这种情况下，先后阅读还是同时阅读其实不是那么重要。先后阅读也有好处，比如，你可以先精读这个作者某一本书，把它作为学习其他书的"本金"。

聚焦专题与聚焦作者是相关的。聚焦专题的必修课之一就是聚焦一些主要作者。我学习领导力就是这样做的。

这个道理，古罗马哲学家塞涅卡早就懂得了，而且用一个精彩的比喻表达了出来：

如果你想吸收一些能牢固地在头脑中扎根的东西，你必须与一些精心挑选的思想家生活在一起，并从他们的作品中得到滋养。到处游荡的人无处可去。那些经常在旅行的人最终会结交许多熟人，但没有真正的朋友。

聚焦作者，是为塞涅卡所强调的学习的目的服务的："学习不是为了了解得更多，而是为了了解得更好"[25]。

策略六：聚焦样本

聚焦式学习的第六个策略是：聚焦样本。

诗人布莱克有两句著名的诗："一沙一世界，一花一天堂。"如果我们善于学习，就可以通过一朵花的样本，看到整个世界的美。

学习样本的误区

之前讲到要学习不变的规律，而规律总是从事例之中概括而来的，也总是体现在事例之中。为了学习规律，我们也要学习事例，也就是样本。

学习样本对我们而言其实并不陌生。我们在语文课上学过的一篇篇课文就是样本，在历史课上学过的一个个历史事件也是样本。但是，我们学这些样本可能都走入了一个误区：学的样本太多太浅。

在我们学过的课文中，哪一篇文章让你领悟了写作的奥秘呢？在我们学过的历史事件中，哪一件事给予了你巨大的启示呢？

冈仓天心在其名作《茶之书》中写道：

收藏家们只关心是否能收集到足够的作品，以构成能代表整个时代或流派的收藏，然而他们却忘了，真正的大师杰作，只需一件就能带给我们更多的启示，远胜于某一特定时代或流派的那些平庸之作。

我们应该聚焦学习那些"只需一件就能带给我们更多的启示"的样本。

马奇与人合著过一篇有趣的论文:《从数量为 1 甚至更少的样本中学习》[26]。有时,我们的样本数量为 1,甚至根本没有样本。比如,一个组织要进行并购,但是这个组织历史上只进行过一次并购,甚至没有进行过并购。组织如何从自己的历史中学习呢? 在样本数量为 1 的时候,论文的建议是:更丰富地体验和阐释这段历史。⊖

聚焦样本,就是对一个代表性的样本进行丰富的体验和阐释。苏东坡学习法就是聚焦样本的最佳方法。

毛泽东曾经教导一位干部,说:"看《三国演义》,不但要看战争,看外交,而且要看组织。"[27]这就是用苏东坡学习法来聚焦《三国演义》这个样本。

在有条件的时候,我们要选择代表性和丰富性两者兼具的样本。

⊖　在样本数量小于 1 的时候,论文的建议是:通过接近发生的历史(near-histories)事件和假设的历史(hypothetical histories)事件来学习。

比如，试着回答一下这个问题：从哪一种上司身上我们可以学得最多，是好上司还是坏上司？

我的参考答案是：是优点和缺点都很突出的上司。也就是说，有些情况下是好上司，另外一些情况下是坏上司。这样的上司同时具有代表性和丰富性，是聚焦学习的好样本。

下面再举三个聚焦样本的例子。

例一：一本书，造就一个圣人

卡尔维诺谈到这样一个例子：

我认识一位出色的艺术史专家，一个极其博识的人，在他读过的所有著作中，他最喜欢《匹克威克外传》，他在任何讨论中，都会引用狄更斯这本书的片段，并把他生命中每一个事件与匹克威克的生平联系起来。渐渐地，他本人、宇宙及其基本原理，都在一种完全认同的过程中，以《匹克威克外传》的面目呈现。

这位艺术史专家"极其博识"，也就是读过许多书，而他选择了一本来聚焦。卡尔维诺据此对经典又下了一个定义：

一部经典作品是这样一个名称，它用于形容任何一本表现整个宇宙的书，一本与古代护身符不相上下的书。

叔本华认为，这样的书往往是文学作品：

文学家把我们的想象力活动起来的目的，却是向我们透露人和事物的理念，也就是通过某一例子向我们显示出人生世事的本质。

而"人生世事的本质"不可能是简单、确定的。小说家米兰·昆德拉指出：

小说的精神是复杂性的精神。每部小说都对读者说："事情比你想的要复杂。"[28]

作家福楼拜说过一句比较夸张的话：

如果一个人足够认真地读上十本书，他就能成为一个圣人。[29]

当然，关键在于你读十本什么样的书。你需要读一本像《匹克威克外传》这样体现了众多规律、能够被丰富地体验和阐释的书。

对这样的书，你要像苏东坡一样，从不同角度进行反复阅读，把书中的宝贝全部发掘出来。

例二：两朵花，区分东西方文化

禅学大师铃木大拙用两首诗来进行东西方比较，令我印象深刻。这两首诗可以看作一个对照样本。

一首诗是日本诗人芭蕉的俳句，只有 15 个音节：

当我细细看

啊，一棵荠花

开在篱墙边！

另一首是英国诗人丁尼生的诗，也不长：

墙上的花

我把你从裂缝中拔下；

握在掌中，拿到此处，连根带花，

小小的花，如果我能了解你是什么，

一切一切，连根带花，

我就能够知道神是什么，人是什么。

铃木大拙在一次讲座中，阐释了这两首诗如何代表了两种截然不同的态度和心灵，可以认为是东西方文化的区别。铃木大拙的讲解篇幅太长，我不能详细抄在这里。可以引用一下弗洛姆的总结：东方文化重存在，西方文化重占有[30]。

日本诗人只是静静地欣赏野花的美，对造物的神秘保持着敬畏，与自然和谐共处。而英国诗人则积极主动地探求造物的奥秘，并且把美占为己有，丝毫没有顾忌这样做的代价之一是对美的扼杀。

我的博士专业方向为跨文化比较，因此我读过很多本这个领域的专业书籍。但在我的印象中，没有一本书，比铃木大拙用这两首诗做例子讲得更形象、更透彻。

例三：三个石匠，囊括半门管理学

起源于法学院、发扬光大于商学院的案例教学法，就是聚焦样本这个策略的应用。不过，我认为学生在商学院学的案例还是太多了。与其走马观花地学习多个案例，不如深入学习一个案例。

学习案例与学习规律并不矛盾。代表性案例之所以重要，就是因为其中体现了丰富的规律。比如，遵义会议是我偏爱的一个领导力案例，领导力的许多重要规律都体现在其中。

我再举一个我非常偏爱的例子。这个案例很短，我称之为"史上最短管理案例"，如下：

有人问三个石匠在做什么。第一个石匠说："我在谋生。"第二个石匠一边打石头一边说："我在做全国最好的雕石工作。"第三个石匠抬起头，带着憧憬的目光回答说："我在建造一座大教堂。"[31]

德鲁克第一个使用这个小故事来讲管理，马利克也使用过它，我在北大汇丰商学院的课堂上也多次使用它。

我问学生的问题是：如果三个石匠是你手下的三个员工，哪一个最让你担心，哪一个最让你放心？这个问题引起了很大争议。这也是好案例的一个特点：它会引发争议，并不会指向一个明确的标准答案。

这个故事之所以是个好案例，是因为它的代表性，更因为它的丰富性：它蕴含着许多重要规律，也就是模式的"含金量"高。

它可以用来讲管理者三大能力：技术能力、人际能力、概念能力。三个石匠分别具有哪些能力？欠缺哪些能力？

它可以用来讲团队的不同种类：三个石匠是一个什么类型的团队？他们可以是一个什么类型的团队？

它可以用来讲对工作的三种态度：差事，职业，使命。[○]这三种态度的不同特点是什么？会带来怎样不同的结果？

它可以用来讲企业中的三种活动：处理，管理，领导。三个石匠是在进行三种不同的活动吗？

它可以用来讲管理中涉及的时间幅度：三个石匠分别在以怎样的时间幅度思考问题？其思考的时间幅度分别对应于哪一个层级的管理者？

每次带着一个不同的主导问题去分析这个案例，就是在用苏东坡学习法。

我后来读到萨缪尔森对这个故事的讲述，他讲述的版本与德鲁克的有所不同。我把萨缪尔森的版本也抄在下面（也许他提到的乔叟是这个故事的原始出处）：

○ 这个三分法最早出自美国社会学家罗伯特·贝拉。

在中世纪，乔叟看到三个人在工作，就问他们在做什么。第一个人回答说："我在挣工钱，挣大钱。"第二个人说："我在把复杂的石头、玻璃图案拼凑在一起。"第三个人宣称："我在建造一座大教堂。"⊖

两种版本中的第二个石匠是不同的，所以一共出现了四个石匠。也许，把"三个石匠"的案例变成"四个石匠"会更有启发？

聚焦的口诀

前文谈到，学习上的"业余爱好者"有一个通病，就是学得太多。对他们来说，从学得多变为学得少是困难的。因为人的本性是喜欢增多，而不是减少，这既是我们作为生物的本性，也来自文化的熏陶。[32]

也就是说，贪多（以及与之相伴的求浅）是我们大脑系统的默认设置，也就是心理学家卡尼曼所说的"快思考"

⊖ 出自萨缪尔森. 萨缪尔森自述［M］. 吕吉尔，译. 上海：格致出版社，上海人民出版社，2020. 萨缪尔森说自己写后来成为经典的《经济学》教材时，"我同时在做这三件事情而不自知"。

的"系统一"。要改变这样的本性，更需要用到口诀这样的工具。口诀会提醒我们开启"慢思考"的"系统二"，并对具体的思考方向进行指引。

我建议用这样一个问题作为聚焦的口诀：

对我来说，有少数知识比其他知识更重要。我要聚焦的少数知识是什么？

你在回答这个问题的时候，要从聚焦不变、聚焦实用、聚焦擅长、聚焦专题、聚焦作者、聚焦样本这六个角度去思考。你可以把"苏东坡学习法"变为"苏东坡回答问题法"，从这六个角度分别回答一下上述问题。也就是说，你可以分别问：

我要聚焦的少数不变是什么？我要聚焦的少数实用是什么？我要聚焦的少数擅长是什么？我要聚焦的少数专题是什么？我要聚焦的少数作者是什么？我要聚焦的少数样本是什么？

这样，你会得出一些不同的答案。然后，你试着发现这些答案的相似、交叉之处，把它们整合为更加明确的答案。

| 第四章 |

模式化学习

UNLEARNING
The Five Disciplines
of Learning

———

前面已经区分过模式知识和碎片知识。模式知识是把握了事物的共性、整体与本质的一"套"知识体系，碎片知识则是只呈现了事物的个性、部分与表象的单"点"知识。

模式化学习也是一种聚焦——聚焦于模式知识的学习。相对于碎片化学习，模式化学习可以学得更少，因为少量的模式可以涵盖大量的碎片；而且可以学得更深，因为模式更深刻地揭示了事物的本质。

学习力的第四项修炼是模式化学习。

模式化学习的重要性

我先从不同角度讲一讲模式化学习的重要性。

学习 = 模式 + 碎片

我们已经多次使用过学习力第一公式：

学习 = 我知道 + 我不知道

这个公式用于模式化学习的时候，可以变形为：

学习 = 模式 + 碎片

我们可以从三个层面来理解这个公式。

第一，既要学习模式，又要学习碎片。加号表示并列。

第二，学习模式比碎片更重要。这时，尽管加号表示并列，但是模式在先、碎片在后的顺序不能改变。

第三，学习是用模式去学习碎片。这时，加号不再表示并列，而是表示"建立联系"。两者的顺序还是不能变。

第三层含义最重要。它更准确地说明了学习的马太效应是怎么来的：用模式作为学习的本金（"我知道"）去学习新知识（"我不知道"），才能真正实现马太效应。

因此，模式化学习"学得更少"不仅指在数量上模式比碎片少，而且有更深刻的含义：我们可以用少量模式作为本金，去吸收大量的其他知识。

爱因斯坦说：

从初看起来完全无关的一系列现象中发现统一性，那真是一种壮美的感觉。

爱因斯坦所说的"发现统一性"，就是模式化学习。如果单独关注那些现象，不能联系起来，就是碎片化学习。

并不只是爱因斯坦这样的学者强调模式化学习。投资家芒格谈到自己所强调的入世智慧时说：

什么是基本的入世智慧呢？第一条规则就是，如果你只是记住孤立的事实，而且僵硬地使用它们，那你不能真正掌握任何东西。如果你不能把这些事实安放在一个理论组成的框架上，你无法使用它们。

芒格这句话所说的"孤立的事实"就是碎片，他所说的"理论"就是模式。而所谓的"一个理论组成的框架"，就是后面要讲到的模式树。

爱因斯坦强调了模式化学习之"美"，芒格则强调了模式化学习之"用"。这两者是相辅相成的，是同一枚硬币的两面。

模式的概念

我再阐释一下我所说的模式到底指什么，然后说一说它有哪些种类，具备什么功能。

我试着用三种方式来解释模式。

其一是下定义。我前面相当于给模式下了一个定义：事物的共性、整体与本质。

其二是跟其他概念联系起来。我所说的模式，范围比较广，相当于其他人所说的模型、理论、原则、原理、范式、图示、脚本、框架、算法等概念。

其三是跟碎片的概念进行对照。模式和碎片，必须放在一起来理解。

这三种方式结合在一起，可以更好地理解模式。而第三种方式是我要强调的。

我举一个例子来说明第三种方式。比如，你手里拿着一个苹果，这个具体的苹果相对于"苹果"这个概念来说，就是一个碎片，而"苹果"这个概念相对于一个具体的苹果来说，就是模式。

我们不难得出两个结论。

其一，一个情境中的模式，放在另一个情境中可以是碎片。

比如，"苹果"这个概念相对于"水果"这个概念而言，就是一个碎片。又比如，管理者三大能力模型之中的三大能力（技术能力、人际能力和概念能力），它们本身都可以是模式，但是在这个模型之中，它们是组成这个模型的碎片。

其二，一个碎片可以体现出不同模式。

比如，作为一个碎片的一块苹果皮，体现的模式可能是苹果，可能是皮，可能是垃圾，还可能是犯罪现场留下的破案线索，有可能揭示某个犯罪模式，或者是来自某个土壤被污染的果园的送检样本，有待发现其中的化学物质的模式。

对模式和碎片的区分是一种二分法。我们不一定非要这么分。第二章介绍了改造二分法的几种方法，其一是把二分法变为多分法。我们可以把模式和碎片的二分法，改为模式、模型和碎片的三分法。

在二分法中，模型和模式基本上是一回事，都是碎片的对立面。在三分法中，模型是碎片和模式的中间层次。

比如说，法国大革命中发生的具体事件，是碎片。对法国大革命的一种阐述，则是一个模型。作为模型，它像地图一样简化了现实，并在不同事件之间建立起联系，试图揭示事件背后的本质。

如果说对"法国大革命"的阐述是模型，那么对"革命"的阐述就是模式，"意在凸显反复出现的、一般的和典型的东西，表现为一组特征或属性"[1]。

也就是说，模式概括了许多模型的共性和本质，就好像"革命"概括了"法国大革命"以及其他许多革命的共性和本质一样。

因此，正如我在《刘澜极简管理学》一书中所说，模式比模型更具规律性和框架性。模式体现了比模型更一般的规律，因此可以作为框架把许多模型组织起来。

而且，模式更具可迁移性。对"法国大革命"的阐述不一定可以迁移到其他革命上，但是对"革命"的阐述就可以。

本书在大多数时候，为了讲述的方便，主要使用模式与碎片的二分法。但是你要注意，这种二分法只是一张地图。就好像你开车和步行的时候需要不同的地图一样，有时候，我们也可能需要换一张地图。

模式的五大类型

模式可以分为五大类。

第一类是对共性事物进行概括的描述模式。最简单的描述模式就是概念，比如苹果、革命这样的概念。

大多数陈述句也是描述模式。比如，老李经常打孩子，这句话就是一个描述模式。这个模式是对老李做过的很多件事的共性的概括，不过适用范围有限。权力使人腐败，长相漂亮的人更自信，这是两个更具一般性的描述模式。

英文的pattern，中文一般译为"模式"，它其实只是我说的模式的一种，就是描述模式。

第二类是分析模式，是为了看得更清楚而把事物分解、拆开的一种模型。最常见的分析模式就是分类。

比如，对于领导力有一个常见的分析模式：领导者、追随者和目标。我们可以从这三个要素以及这三个要素之间的关系着手，进一步分析领导力。[2]

又比如，怎么把管理看得更清楚呢？法约尔的管理五要素——管理就是计划、组织、指挥、协调和控制——是个经典的分析模式。管理者三大能力模型也是经典的分析模式。

第三类是解释模式。描述模式只是描述事物"怎么样"，而解释模式则解释事物"为什么"这样，也就是提供了因果关系。

刚刚讲到"老李经常打孩子"是个描述模式，但是这里面没有因果关系。如果我们仔细考察老李每次打孩子的前因后果，就可能发现这样一个解释模式：老李在单位受了领导的气，回到家就容易打孩子。

一个敏感的模式化学习者还会追问：老李在单位受了领导的气，回到家就容易打孩子——这背后是否还隐藏着一个更一般的模式呢？

我们可以使用"放大"的技巧（参见第五章），试着将原模式中的"老李""受领导的气""回家打孩子"这些要素分别放大，就可能发现一个更为通用的模式：弱者被强者欺负之后，往往欺负更弱者以出气。这是一个适用范围更广、解释现象更多的模式。

如果使用前面提到的模式、模型和碎片的三分法，那就是：

- 碎片——老李今天回家把孩子打得哇哇叫
- 模型——老李在单位受了领导的气，回到家就容易打孩子
- 模式——弱者被强者欺负之后，往往欺负更弱者以出气

解释模式跟描述模式或者分析模式最大的不同，就是其中有"过程"，有事物运行的"机制"，这个过程和机制往往体现了因果关系。

在刚才举的例子中，尽管有过程，有一定的机制，但是因果关系其实还不是很明晰。也许需要这样的补充：

一个人需要维护自尊。自尊如果被伤害，需要尽快弥补。可以"原地"弥补，可以在"别的地方"弥补。弱者被强者欺负后，因为原地弥补比较困难，所以往往在别的地方弥补——欺负更弱者以出气。

经过这样的补充，我们对老李打孩子的"机制"认识得更为清楚了，而且发现其他很多现象（比如许多家暴行为或者霸凌行为）可以用同样的机制来解释。

第四类是预测模式。它跟描述模式有类似的地方，只不过描述的是未来的现象。

解释模式往往也可以用来预测。既然 A 是 B 的原因，那么下次出现 A，就可能会出现 B。不过解释模式并不一定有预测的作用。反过来，预测模式也不一定需要解释。根据统计相关性分析也可以预测，但相关性不是解释。半导体行业所熟知的摩尔定律就只有预测，没有解释。

第五类是行动模式，是对"应该怎么做"的规定或者指导。

不要随地吐痰就是一个行动模式。前面谈到过的末位淘汰也是一个行动模式。许多行业在推广使用的清单（即核查事项）也是行动模式。

行动模式的一种常见形式是执行意图，这在第五章还会谈到。执行意图一般以"如果……就……"的方式出现："如果"的部分明确采取行动的场景，"就"的部分明确采取的行动。比如，大人教孩子"收到礼物要说谢谢"，就是在教一个执行意图：如果收到礼物，就说谢谢。

另一种常见的行动模式是分步模式，即有先后顺序的一系列行动：第一步、第二步、第三步分别做什么。复杂的行动模式往往是分步模式和执行意图的结合。

关于刚刚讲到的五类模式，我再做三点说明。

其一，其他学者对这些类型可能有不同的命名。

比如，学习科学家奥姆罗德这样区分原理与理论：原理告诉我们哪些因素是重要的，理论告诉我们为什么这些因素重要。[3]她举例说：奖励促进学习是原理，而其背后的理论可能是奖励促使人们注意到正在学习的事物，注意才真正促进学习。不难发现，她所说的原理和理论分别对应我所说的描述模式和解释模式。

其二，许多模式是跨类别的。

比如，管理者三大能力模型是一个洞见分类，主要对应分析模式，但同时也对应解释模式（一方面，该模型本身暗含了因果关系；另一方面，该模型可以解释很多没有成功升职的现象），而且还可以用作预测模式（预测哪些升职更可能成功）和行动模式（管理者应该如何学习来提升自己）。

又比如，刚才提到的"奖励—注意—学习"理论主要是解释模式，但其中也有可供检验的预测（如果奖励分散了人们注意力，则会影响学习），并暗含了行动建议。

其三，不同类型的模式的重要性不同。

哪种模式更重要？当然是看情况。但是我也有一个标准参考答案：单纯的描述模式、预测模式与行动模式都只有结论，没有分析和解释。只有掌握了分析模式和解释模式，才能真正理解这些结论在哪些情况下管用。所以，我们应该重点学习分析模式和解释模式。

模式的四种功能

我们每天都在使用模式。模式的功能可以概括为以下四种。

第一，感知世界。

模式是我们感知世界的工具。模式有时像放大镜，有时像广角镜，有时像显微镜，有时像夜视镜……通过这些模式，我们看到别人看不到的东西。

比如，一个小孩和他的父亲一起走过一个花园。小孩如果没有"菊花"这个概念，就只能感知到一些五颜六色的花。父亲因为能够辨识"菊花"这个模式，就能感知到不同颜色、不同种类的菊花。而一个园丁或者植物学家走过这个花园呢？显然，他们会感知到更丰富的信息。

第二，概括经验。

如果不把经验放到模式之中，大千世界在头脑中只是一堆混乱的经验的碎片。想象一下，如果一个小孩没有"花"这个概念，他怎么讲述走过一个花园这样的经验？实际上，他不仅无法讲述，这个经验在他的大脑中都无法储存。

博尔赫斯在一篇小说中虚构了一个过目不忘，而且能够在记忆中储存一切"最细小的事情"的福内斯。但是，小说的叙事者说：

> 我以为他不会进行思考，因为思考就是要忘掉事物的差异，就是善于进行归纳和抽象化，而在福内斯繁杂的记忆库中几乎只有一连串的单个事物的罗列。[4]

模式使得我们可以概括经验，而这是思考的前提。

第三，分析与推理。

模式，尤其是分析模式和解释模式，让我们可以进行比较深入的思考——分析和推理。

哲学家、心理学家威廉·詹姆斯指出：

> 事物分类别而存在，每一个类别都有多种实物，而且，"类别"对某一个实物意味着什么，也对同类别其他实物有同样的意义。我们很容易认为，世界万物的每一种

可能都是独特的，也就是说，它不同于其他事物并自成一类。在这样的一个事物都自成一类的世界里，我们的逻辑推理可能就没有用处了，因为逻辑推理的作用就在于：根据对同类所有事物都成立的情况来推断单个事物的情况。如果世上没有两件事物是类似的，我们就无法根据过去的经验来推断未来的经验。[5]

从詹姆斯的论述可以看出，即使是最简单的描述模式，也已经是一个强大的推理工具。比如，既然我的左手和你的右手都属于"手"这个概念，那么就可以进行推理：你的左手和我的右手都拥有"手"的共同特征——都有指关节、指甲，等等。

分析模式和解释模式让我们可以进行更为复杂的推理。比如，在导论部分，我用管理者三大能力模型推出这样一个结论：学习力是管理者最重要的能力。

第四，指导行动。

前面已经提到了模式是地图这样的比喻。模式是地图，为我们提供了一种对世界的简化描述，让我们可以忽略掉许多无关紧要的事物（比如街道两旁的行道树），为我们的行动（从这个地点到那个地点应该怎么开车或者步行）

提供了有效的指导。

以上四种功能，要么是只有模式能做到而碎片做不到，要么是模式比碎片能做得更有效。

模式化学习金字塔

我们每天都在使用模式，也可以说我们每天都在进行模式化学习。但是对绝大多数人来说，仍然是碎片化学习多，模式化学习少。

DIKW 模型和 SOLO 模型

本书经常使用的模式化学习和碎片化学习的对立是一种二分法的体现。马奇对高智学习和低智学习的区分[6]是另一种类似的二分法。但是前面也说了，模式与碎片并不是截然对立的，可以分为碎片、模型、模式三个层次。

下面，我再介绍一个四层次模型和一个五层次模型。○

○ 季清华模型也是一个学习层次模型，但是跟本节所讲的两个模型有本质区别：季清华模型是关于学习方式的层次，本节所讲的两个模型是关于学习内容（或者说结果）的层次。

著名诗人 T.S. 艾略特有这样两句诗：

我们迷失于知识中的智慧到哪里去了？

我们迷失于信息中的知识到哪里去了？

在这两句诗的启发下，产生了一个流传较广的包含四个层次的 DIKW 模型，这四个层次由低到高分别是：

- 数据（data）

- 信息（information）

- 知识（knowledge）

- 智慧（wisdom）

斯科特·佩奇在《模型思维》中这样定义这四个层次[7]：

- 数据是原始的未编码的事件、经历和现象，比如落在你头上的雨是数据

- 信息是命名和归类后的数据，比如北京 8 月份的降水量是信息

- 知识组织了信息，将其呈现为模型的形式，它是对相关关系、因果关系和逻辑关系的理解

- 智慧则是指识别和应用相关知识的能力

DIKW 模型的四个层次，可以看作从碎片化学习到模式化学习的不同层次。

两位教育学者根据"可观察的学习结果的结构"，提出了学习的 SOLO⊖分类法，它包括五个层次[8]：

- 前结构：学习者并没有掌握相关的学习内容
- 单点结构：学习者掌握了一点相关的内容，但只是单薄的、孤立的一点
- 多点结构：学习者掌握了不止一点的相关内容，但是不能在这几点之间建立联系
- 关联结构：学习者掌握了多个要点，而且掌握了它们之间的联系
- 抽象扩展结构：学习者不仅掌握了相关内容的抽象结构，而且能够在此基础上形成假设，把学到的内容推导到其他领域

除前结构之外的其余四个层次，跟 DIKW 模型的四个层次基本上是一一对应的，也可以看作从碎片化学习到模

⊖ SOLO 即"可观察的学习结果的结构"（structure of observed learning outcome）的英文首字母缩写。

式化学习的不同层次。

模式化学习金字塔模型

为了便于读者理解记忆，我把 SOLO 模型改为模式化学习金字塔模型（如图 4-1 所示），它包括从低到高的五个层次。

图 4-1

- 零学习：学习者什么有用的内容都没有学到

- 单点碎片：学习者学到了一个相关的知识点

- 多点碎片：学习者学到了好几个相关的知识点，但没有在这些知识点之间建立联系

- 模式识别：学习者在知识点之间建立了联系，识别了其中的模式
- 模式迁移：学习者能够把识别出的模式迁移到别的领域加以应用

在这个模型中，单点碎片和多点碎片这两个层次是碎片化学习，模式识别和模式迁移这两个层次是模式化学习。

这个模型的上面四个层次跟 DIKW 模型也大致对应。多出来的零学习这个层次仍然是有意义的，它描述了实际发生的情况：很多学习没有产生成果，是一种浪费。

我用模式化学习金字塔模型来分析三个学习案例。

第一个是费曼非常喜欢讲的故事：

第二次世界大战期间，美国军队使用太平洋上一个小岛作为补给站。土著居民看到了美军如何使用跑道、设备，以及飞机随之从天而降，运来食品和衣物。之后二战结束了，军队也离开了。过了一段时间，土著居民决定自己引来食品和衣物。他们清理出一段长长的跑道，根据回忆标上当初的记号，还让一个人站在那里，戴上假发和像耳机的橡胶套，模仿他们见过的引导飞机降落的地勤人员

的样子。然后，他们开始等待飞机的降临。

第二个是管理学者拉塞尔·阿克夫喜欢举的例子：

把劳斯莱斯汽车的发动机装到韩国现代汽车上，现代汽车根本发动不起来。

第三个则是芒格喜欢讲的故事：

物理学家普朗克经常做同一个主题的讲演。他的司机跟着他听讲演，听了太多次，把内容背了下来。司机说："普朗克教授，我都可以替您讲演了！"于是，普朗克让司机冒充自己做了一次讲演，自己则假装是司机，坐在听众席之中。司机讲得非常成功，没想到的是，讲演结束后，一位听众提了一个问题。司机急中生智，说："这个问题太简单了，我的司机都可以回答。"

第一个案例中的土著居民，表面上看起来处在"多点碎片"的层次，因为他们貌似学到了多个碎片。但是我认为，他们对于那些碎片并没有模仿到位，所以其实什么都没有学到，处于"零学习"的层次。

第二个案例可以说处于"单点碎片"的层次，学到了一个点，尽管是一个关键点，但仍然只是一个点。

第三个案例中的司机，对很多点都模仿到位，可以说处于"多点碎片"的层次。但他并不真正懂得这些知识点背后的深层结构，所以不能解决新出现的问题，仍然处于碎片化学习的阶段。

模式化学习的"先难"

到达金字塔的底部是容易的，而越往上就越困难。模式化学习金字塔模型也有这个特点，碎片化学习容易，模式化学习难。

不过一旦掌握了模式，后面的学习就变得非常容易。这可以比喻为：一旦到了金字塔的高处，要想看到更多、更远的风景，就变得非常容易了。

所以，模式化学习的最大特点是先难后易。

我说一说模式化学习的"先难"。

模式化学习难，有两个外因。一个是学校教育的隐性课程，培养了我们碎片化学习的习惯。这在第一章讲过。

另一个外因则是移动互联网等技术的发展，让我们身处一个被碎片化信息包围的环境。

传媒理论家波兹曼指出：

我们也许可以说，电报对公众话语的贡献就是使它变得无聊而且无能。还不只这些，电报还使公众话语变得散乱无序。用刘易斯·芒福德的话来说就是，它带给我们的是支离破碎的时间和被割裂的注意力。电报的主要力量来自它传播信息的能力，而不是收集信息、解释信息或分析信息……电报只适合于传播转瞬即逝的信息，因为会有更多更新的信息很快取代它们。这些信息后浪推前浪地进出于人们的意识，不需要也不容你稍加思索。[9]

把波兹曼所说的"电报"替换为"移动互联网"，其论述不但同样有效，而且更加成立。波兹曼去世于2003年，移动互联网的浪潮还没有形成，所以他没有来得及看到。他指出的始于电报时代的信息碎片化的趋势，在移动互联网时代愈演愈烈。

有人认为，移动互联网这样的新技术带来一个好处：人们可以方便地利用碎片时间学习。但是，你需要明白，你利用碎片时间学习的只是碎片化信息，而那在波兹曼看来不是学习，而是——娱乐。

我们身处一个信息碎片化的世界，诱惑我们进行碎片化学习而非模式化学习。

所以，只是进行第一章强调的针对学校教育的反向学习是不够的，我们还需要进行针对外在环境的反向学习。

但是，即使没有学校教育和外在环境的影响，模式化学习依然是困难的。这是因为对模式的学习一定比对碎片的学习更难。模式一定是藏在碎片背后的，一定是要付出更多认知努力才能掌握的。这是模式化学习更难的最本质的内因。

碎片化学习妨碍模式化学习

模式化学习本质上就比碎片化学习更难，而且可以延伸出两个使得模式化学习更难的原因：第一，碎片化学习更容易，所以我们学了很多碎片，妨碍了模式化学习；第二，掌握的模式不够好，妨碍了进一步的模式化学习。

先说说第一个。

尽管我一直强调学习力第一公式，也就是你能学到多少新知识取决于你的已有知识。但实际上，你掌握的已有知识并不是越多越好。如果你掌握的只是碎片知识，这更可能会干扰而不是促进你的学习。

美国一项研究发现：如果只知道两个人的姓名，人们会认为保罗比苏珊更自信。其背后的理由基于一个模式：男性通常比女性更自信。如果这个研究是在中国做的，那就是人们认为张强比李丽更自信。

但是，如果提供更多与是否自信无关的信息，比如，两个人的母亲都"在某个城市的一家银行工作，年薪2.4万美元，每天上下班往返时间为一个小时"，人们就会认为保罗并不比苏珊更自信。

为什么？有学者认为次要信息稀释了主要信息（这个例子中为性别）的作用，并称之为"稀释效应"。

这就是碎片干扰了模式的一个例子。人们之前认为保罗比苏珊更自信，是基于一个模式：男性通常比女性更自信。但是，获得更多碎片信息反而干扰了人们对模式的判断。

我再举一个例子。[一]你的公司在招聘一个经理。你非常信任的一个朋友推荐了张三。他和张三共事过多年，认为张三具有非常优秀的管理才能。你面试了张三，经过一个小时的交流，觉得他其实不怎么样，决定不录用他。

[一]　这两个例子均出自孔达. 社会认知：洞悉人心的科学［M］. 周治金，朱新秤，等译. 北京：人民邮电出版社，2013.

在这个例子中，你根据一个小时的面谈做出的判断，很可能不如"你的朋友"根据多年共事做出的判断准确，因此犯了忽略样本大小的错误。

这个例子同样可以解释为碎片干扰了模式：你的碎片知识因为另一种认知偏差——生动性错觉，干扰了你朋友告诉你的模式。

我们再以著名的"琳达问题"⊖为例：

琳达，31岁，单身，坦率直言，性格开朗。她的专业是哲学。当她还是学生的时候，就非常关注歧视和社会公正问题，并且参与过反对核武器的游行。以下两个选项哪个可能性更高：A. 琳达是一个银行出纳员；B. 琳达是一个银行出纳员，同时也是一个活跃的女权主义者。

多数人错误地选择了B。他们没有意识到：两件事同时发生的概率，不可能高于其中一件事单独发生的概率。

人们为什么会在"琳达问题"上犯错？学者们有不同的解释。我认为，这可以说是又一个碎片干扰了模式的例子。在这个例子中，作为深层结构的概率，被那些多姿多

⊖ "琳达问题"出自卡尼曼与其合作者特沃斯基的研究，有多个版本。

彩的表面特征干扰了。

好模式的特征：模式化学习的"后易"

我们要聚焦学习模式而不是学习碎片。而且，我们要聚焦学习好模式。模式可以被比喻为眼镜，它让我们把碎片看得更清楚。

好模式有这样三个特征——让我们看得更广、更精、更深。

第一，好模式让我们看得更广。

模式与碎片的一大区别，就是模式概括了事物的共性，因此可以在多种情境中使用。

我以人们经常使用的一个洞见分类为例。在企业中，我们评价一个员工，往往用"能力"与"态度"这两个维度。这个模式区分了4类员工：

1. 能力强、态度好的

2. 能力强、态度差的

3. 能力弱、态度好的

4. 能力弱、态度差的

这两个维度有时也被称为"才"与"德"，"能力"与

"价值观"，或者"业绩"与"价值观"。在之前提到过的情境领导力理论中则被称为"能力"与"意愿"。

这既是分析模式，又是行动模式。它主张的行动是：对第 1 类员工要重用，对第 3 类员工要培训，对第 4 类员工要淘汰。

对第 2 类员工则有两种主张：一种是坚决清除（这是通用电气前 CEO 韦尔奇和京东创始人刘强东的主张），另一种是限制使用（蒙牛创始人牛根生持此主张）。[10]

这个模式把员工的各种能力，不管是打字员的打字能力还是销售员的销售能力，以及他们的其他各种能力，都概括为能力；把员工的各种不同态度，比如是否按时上班，是否听从命令，都概括为态度。

这个模式忽略了不同能力和不同态度的个性，让我们看到所有员工的两个共性，让我们看得更广。

第二，好模式让我们看得更精。

模式与碎片还有一大区别，就是碎片在呈现事物，而模式在简化事物。用能力与态度这两个维度把员工分为 4 类是简化，而忽略了其他一些也有意义的维度。使用同一种方式对待每类员工，则是在进一步简化。

简化使得模式易于使用：把员工分为 4 类，找到对应的处理方式，就这么简单！

简化还使得模式易于沟通：你知道怎么评估你手下的员工吗？来，让我们画一个 2×2 的表格……

这个模式让我们以更加精练（简化）的方式看待员工。

第三，好模式让我们看得更深。

模式与碎片的主要区别，就是模式提炼出了碎片下面的深层结构，也可以说是事物的本质。这个本质，往往体现为结构、关系、过程。打字员和销售员的工作看似非常不同，但其工作成果有一个相同的结构：能力 × 态度 = 工作成果。

"能力与态度"模式不仅指出了结构中的因果关系，还隐含了能力与态度之间可能存在的紧张关系。这种紧张关系通过能力与态度的不同组合体现了出来。

这个模式包含的这些深层次关系，让我们看得更深。也就是说，尽管简化了，但是把精华（本质）提炼出来了。

好模式的这三个特征，也说明了为什么模式化学习"后易"。模式化学习很难，但是一旦好模式到手，就开始容易起来，你能够看得更广、更精、更深。

专家与新手的区别

现在，我们可以给专家下个定义：所谓专家，就是在一个领域掌握了一些好模式并懂得如何应用的人。

根据模式化学习金字塔模型，我们还可以区分两个层次的专家：

- 只能使用模式解决一个领域的老问题的专家
- 可以把一个领域的模式用来解决新问题的专家

许多研究表明，专家和新手的主要区别，就是专家掌握了模式，而新手只知道碎片。

季清华与她的合作者做过这样一项研究：分别给专家和新手一些物理题让其归类。他们发现，专家会提炼出这些物理题背后的抽象原理，并根据这些原理把习题归类；而新手则是依据题目的表面特征归类。[11]

在另一项研究中，人们给国际象棋大师、高手（优秀棋手，但没有达到大师的水平）和新手展示同一个中盘棋局5秒钟，然后让他们在一个空棋盘上复位那个棋局。

结果你也许能猜到：大师复位的棋子最多，高手次之，新手最少。但是你也许没有想到的是：如果给他们展示的不是一个有意义的棋局，而是棋盘上随机摆出的一些棋子，大师、高手和新手的成功率是一样的。[12]

这个研究表明：不能说大师的记忆力强于高手，高手的记忆力强于新手。有意义的棋局中，棋子和棋子之间是有联系的，体现了某种模式。识别（并记忆）这种模式的能力，大师强于高手，高手强于新手。

要想成为专家，或者说要想有效学习，就要进行模式化学习。怎么进行模式化学习？上一章讲到的聚焦就是很重要的策略。下面，我再提供一些更具体的模式化学习的策略供你参考。

策略一：中距离学习模式

模式化学习的第一个策略是中距离学习模式，这也是其他策略的前提。

前面讲到了学习力第一公式的一个变形：

学习 = 模式 + 碎片

中距离学习模式就是建立公式中的"模式"部分。只有先建立模式，才能用它去吸收碎片。如果没有模式，哪来的模式化学习？

胡适说：

读书不是那么容易的一件事情，不读书不能读书，要能读书才能多读书。好比戴了眼镜，小的可以放大，模糊的可以看得清楚，远的可以变近。所以读书要戴眼镜。

胡适所说的"眼镜"就是模式。既然"读书要戴眼镜"，那我们先得有眼镜。

这里的"中距离"三个字也很重要。这要求我们对自己习惯的近距离学习进行反向学习。而近距离学习又可以分为两种，它们向中距离学习调整的方式各自不同。

向高处调整

一种近距离学习是指离当前需要很近的学习。对成年人来说，主要是指离工作很近的学习。简单地说，就是工作需要什么就学什么，主要学习的是技术能力和跟工作直接相关的人际能力。

华为的干部和员工大概也有近距离学习的特点。所以，任正非在内部讲话中对华为的干部多次提学哲学和学文件这两个要求：

建议大家多读公司文件，多看看我的文章。每个星期都读一遍，一定比别人进步快。

各级干部要看公司的文件，不要埋头经验主义，小心让二等兵超越。

作为基层员工，学不学习哲学都不重要，只要踏踏实实努力工作，多产粮食，多拿奖金，也就安居乐业了。但是中高层以上的干部要学习一点哲学，因为哲学是人生的罗盘……⊖

任正非为什么要求华为干部学哲学和学文件？任正非是要干部理解大局，也就是模式。学哲学，是学习最具一般性的模式。学文件，则是具体地理解华为的模式。

这也可以用管理者三大能力模型来解释。一般员工，有技术能力就可以了；而对干部尤其是高级干部来说，概念能力越来越重要。概念能力，就是看到本质、看到整

⊖　华为内部资料，分别见于 2008 年《任正非在 PSST 体系干部大会上的讲话》，2017 年《与任正非在曼谷座谈纪要》，2017 年《任正非在新员工入职培训座谈会上的讲话》。

体、看到联系的能力。

如果要在学哲学和学文件中选一个，任正非会选哪一个？我认为是学文件。哲学那么多流派，到底学哪一个？更重要的理由是，学哲学是远距离学习，而学文件是中距离学习，相比学哲学，学文件更能够跟自己的工作建立联系。

这种从近距离到中距离的调整可以认为是向高处调整，像是要求身处模式化学习金字塔第三层（即多点碎片的层次）的人站到第四层去，把自己的工作放到一个更大的系统之中，站在更高处来认识这个系统的模式。

第三章强调结合工作的学习，这里又反对离工作距离太近的学习，是否自相矛盾呢？其实没有。

结合工作的学习，必须同时进行近距离学习和中距离学习。你的工作不是孤立的，而是更大系统的一部分。近距离学习，是把你的工作当作一个"点"来学习。但是，你的工作一定是跟其他人的工作联系在一起的，所以你还要从"线""面""体"的角度来学习。

向远处调整

另一种近距离学习是指离学习对象很近的学习。我还是举一个跟华为相关的例子。

《下一个倒下的会不会是华为》一书在 2012 年面世之后，作者惊讶地发现，尽管这本书在华为之外收获的大多是好评，但在华为内部遭遇的却"多是批判、讥讽"[13]。而作者是华为的顾问，对华为有十多年的近距离观察，自以为对华为是很了解的。作者在与华为中高层管理者进行大量深度访谈以及经过一段时间的思想斗争后，最终认可了华为人的批评和意见，对该书修改后出了一个新版本。

假设最初的书稿确实有问题，那么问题很可能出在：近距离往往看不清模式。更具体地说有三个原因。

第一个原因：离得太近，眼睛看不见模式。

赫伯特·西蒙下面这句话，指出的是同样的问题：

一个站在天安门广场的观察者（无论中国公民还是外国游客），所能获得的信息不会比一个在美国当地图书馆阅读中国出版物译本的人所能获得的信息更多。[14]

离得太近，你看到的是具体的现象，是一个个碎片，而不是模式。"不识庐山真面目，只缘身在此山中"。模式往往是要从远方看、从高处看才能看清楚的。

第二个原因：离得太近，情感看不到模式。近距离看华为，还有情感带来的认知偏差。该书作者既然做华为顾问多年，有感情是自然的，很难客观看待华为。

第三个原因：离得太近，大脑看不到模式。作为华为的长期顾问，还可能存在跟华为思考同质化的问题，看不到新鲜的模式。

这种从近距离到中距离的调整可以说是向远处调整。要有意识地退后 50 米，包括从情感和思考方式上退后 50 米。这种退后不仅要用到后面会讲到的用模式吸收并分析碎片的方法，还需要反向学习，以解决已有模式可能僵化的问题。

尽管我在上文区分了两种近距离学习，其实两者基本上是一回事。对第二种的分析，也基本上适用于第一种。

策略二：用模式吸收碎片

模式化学习的第二个策略是用模式吸收碎片，这直接对应了前面学习力第一公式的变形中的"模式 + 碎片"。

任正非曾被问到这样的问题："您平时判断问题的方

法论是什么？如何判断一件事重不重要？"

任正非回答说：

其实没有方法论，我是一个杂家，四五十年来我就是不断学习。我年轻时是一本本书看，现在是横向碎片化地看，但是我已经有了一本本书看的消化整理能力，再组合成自己的思维方式，更多看长远的国际洞察。

他的回答有两个值得注意的要点。

其一，提问者问的是如何判断问题，他回答的是学习。言下之意是判断力来自学习。

其二，他说的其实是用模式吸收碎片。"一本本书看"，就是通过聚焦专题、聚焦作者、聚焦经典等"大盗"式学习法来形成模式。"横向碎片化地看"则是"小偷"式学习，是聚焦之后的发散，主要就是用模式吸收碎片。

用模式吸收碎片有多个互有交叉但仍有差异的方法，包括：

- 用模式辨别碎片
- 用模式注意碎片
- 用模式寻找碎片

- 用模式安放碎片

下面就分别讲一讲这四个方法。

用模式辨别碎片

如果你掌握了模式，你就可以辨别哪些信息重要，哪些信息不重要。

在一项研究中，优秀飞行员和飞行学员同时听一则航空控制中心的无线电通信，然后复述所听到的内容。飞行学员回忆了更多"填充物式的"没有实质意义的词语，而那些优秀飞行员复述了更多有重要含义的词语。[15] 优秀飞行员因为掌握了模式，所以能区分重要信息和不重要的信息。

我讲一个自己的经历。曾经发生过好几次这样的事情：我跟某公司高管团队在一起待半天，然后向公司CEO指出某个高管可能不适合目前的岗位，我的意见常常被证明是正确的。

我跟高管接触的时间其实很短，有时连单独交谈都没有，而CEO跟高管相处很长时间了，为什么我能做出比

CEO 更敏锐的判断呢？

我认为，CEO 之所以判断不准，主要原因是没有掌握有效的模式以及受到了前面讲到的"近距离"带来的影响。而我之所以在短时间内做出了准确判断（姑且假设我是准确的吧），是因为掌握的模式让我辨别出了一些重要信息。

用模式注意碎片

在上面的例子中，我辨别为"重要"的信息，其他人可能压根儿都没有留意到。这一点——用模式注意碎片——值得单独强调。

如果你掌握了模式，你可以注意到不明显的关键信息，这样的信息很可能被其他人忽略。

一项对网球选手的研究发现：在观察对手发球的时候，普通选手的视线集中在球上，而最优秀的选手往往不看球，他们的视线集中在对手的臀部、肩膀和手臂上，这些部位能提前透露对手将往哪里击球。最优秀的选手掌握了"发球"的模式，掌握了这个模式中各个碎片之间的关系，这让他们可以提前关注到展现模式的碎片。

有人评论说：

正如最好的网球手是看击球者的身体而不是看球一样，其他领域的杰出人士也明白关注不明显信息的重要性。[15]

"不明显信息"那么多，关注哪些呢？答案是：关注那些揭示了模式的关键信息。

2002 年，时任莫桑比克总理的莫昆比告诉学者汉斯·罗斯林：莫桑比克正在经历伟大的经济进步。罗斯林问他是怎么知道的，因为莫桑比克的经济统计数据不太可靠。莫昆比是这样回答的：

我会看这些数据，但是这些数据并不是太准确，所以我自己会观察每年 5 月 1 日参加游行的人。这个游行是我们国家的传统。我就观察这些参加游行的人的脚，看他们穿什么样的鞋。我知道这个游行对所有莫桑比克的人民来说，都是最最重要的节日，所有人都会在这一天穿上自己最好的衣服和鞋。在这一天，没有人能够向朋友去借一双鞋来穿，因为他的朋友这时候也需要。所以我就观察他们的脚，我看他们是光着脚还是穿着破鞋，还是穿着很好的漂亮的鞋。我把我每年观察的结果做对比。[16]

各个领域其实都有其"5 月 1 日游行时穿的鞋"——

不明显的关键信息。

很久以前我读到一个小故事，说有个人考察一个餐厅的清洁状况，主要去看这个餐厅厨房的抹布是否干净。他的逻辑是：这是餐厅里最容易被人忽视的地方。如果抹布都很干净的话，那这个餐厅一定很清洁。这也是一个关注体现了模式的不明显信息的例子。

用模式寻找碎片

用模式辨别碎片和注意碎片，说的都是碎片信息已经在那儿的情况。但是也有这样的时候——你并没有看到你想要看到的碎片信息。这时，你可以用模式寻找碎片。

一个研究学习的专家应比尔·盖茨之邀，去讨论一个教育基金的事情。这位专家准备了一份40页的谈话提纲，还有8个附件，将它们提前交给了比尔·盖茨。两个人见面没多久，比尔·盖茨问了一个问题："为什么附件里的支出与提纲中的数字不一样呢？"

这位专家后来说，这是一个很细微的问题，"是脚注里的注释……我第一反应以为自己听错了，但马上我就进行了解释"。[17]

比尔·盖茨为什么问那个问题呢？我是这样解读的：因为他在那 40 页的提纲和 8 个附件里，没有找到跟自己想要考察的那个模式相关的信息。于是他主动提问，去寻找自己需要的碎片信息。

你掌握了模式，就会知道自己该寻找什么。

用模式安放碎片

模式还能帮助我们有效安放新信息。

著名企业家马斯克跨越多个行业（网络支付、电动汽车、航天旅行）成功创办了多家企业。他这样介绍自己的学习秘诀：

> 知识就像一棵树，这一点至关重要。在你着手于树叶，也就是知识点之前，你需要理解基本的原则，也就是树干和大的枝丫，否则树叶无可依附。[18]

为什么很多人貌似学习了很多知识，但脑子里仍然是一团糨糊呢？这是因为没有建立起"树干和大的枝丫"，使得那些众多的"树叶"一样的碎片知识"无可依附"。

马斯克用的比喻是把树叶安放在相应的树枝上，也有人用晾衣服来比喻：

> 我们通常需要被教会一个"晾衣架"（或者说"高阶概念"），才能把新的知识"晾"起来。[19]

我举一个自己的例子。我现在读领导力的书可以读得很快，也许 1 小时或者更短的时间就可以读 1 本。对我而言，这些书中如果有模式，一般也都是我已经掌握了的。它们对于我的价值，可能只是对某个旧模式做了一个补充，或者在旧模式之下提供了几个新鲜的例子而已。我带着已经掌握的模式读书，用模式注意信息、辨别信息，然后把这少数有价值的信息安放在相应的模式之下。

策略三：用模式分析碎片

模式化学习的第三个策略是用模式分析碎片。这个策略强调的是学习力第一公式的变形中"模式＋碎片"中的那个加号"＋"。

在使用上一个策略——用模式吸收碎片的时候，这个"＋"的过程发生得很快，也没有遇到什么困难。而如果这个过程需要比较细致地进行，那就需要用模式分析碎片。

这可能发生在我们想要从碎片推测模式的时候。比如，考古学家面对一块陶片，需要推测它到底属于什么器物；或者，心理分析师倾听来访者讲述的一个故事，需要识别出其心理问题的模式。

这也可能发生在我们想要充分欣赏一块碎片的时候，正如社会学家齐美尔的这一段话所说的：

世界的任何一点都潜隐着昭示绝对美学重要性的可能。在受过足够训练的眼睛看来，世界的整体之美，世界的全部意义，从其中任何一点都能辐射出来。[20]

用"受过足够训练的眼睛"，去把一个碎片中的模式充分发掘出来，就是用模式分析碎片。前面提到的聚焦样本，就是用多个模式去分析一个样本。

下面举三个用模式分析碎片的例子。

例一：海底捞的致歉信

海底捞是中国著名餐饮企业，吸引了很多学习者。曾经有本畅销书叫《海底捞你学不会》，我没有读过，不知道它主张"你学不会海底捞"的原因是什么。但是我同意这个结论。因为大多数人只是碎片化学习，这样学习海底捞肯定学不会。

怎么对海底捞进行模式化学习呢？我举一个例子。

2017 年 8 月 25 日，有媒体曝光海底捞在北京的两家店存在许多卫生问题。几小时后，海底捞就在官方微博上发布了《关于海底捞火锅北京劲松店、北京太阳宫店事件的致歉信》，全文如下。

尊敬的顾客朋友：

你们好！

今天有媒体报道我公司北京劲松店、北京太阳宫店后厨出现老鼠、餐具清洗、使用及下水道疏通等存在卫生安全隐患等问题，经公司调查，认为媒体报道中披露的问题属实。卫生问题，是我们最关注的事情，每个月我公司也都会处理类似的食品卫生安全事件，该类事件的处理结果也会公告于众。无论如何，对于此类事件的发生，我们十分愧疚，在此向各位顾客朋友表示诚挚的歉意。

各位顾客及媒体朋友可以通过海底捞官方网站上的

"关于我们－食品安全－公告信息"或海底捞微信公众号
"更多－关于我们－食品安全－管理公告"查询我们已往
对于该类事件的处理结果。

这次海底捞出现老鼠，以及暴露出来的其他在卫生清
洁方面的问题，都让我们感到非常难过和痛心，今天，媒
体的朋友也为我们提供了照片，这让我们十分惭愧和自
责，我们感谢媒体和顾客帮助我们发现了这些问题。

我们感谢媒体和公众对于海底捞火锅的监督并指出了
我们工作上的漏洞，这暴露出我们的管理出现了问题。我
们愿意承担相应的经济责任和法律责任，但我们也有信心
尽快杜绝这些问题的发生。我们也已经布置在海底捞所有
门店进行整改，并会后续公开发出整改方案，也希望所有
的媒体和支持海底捞的顾客监督我们的工作。

再次感谢社会各界对海底捞的关心和监督。

四川海底捞餐饮管理有限公司

2017 年 8 月 25 日

许多企业被曝光后也写致歉信，但往往表示出现的事
件是个别情况，只是偶然。而海底捞不一样，承认"情况

属实"，而且表示一直在处理类似问题，已经布置"进行整改"的任务。这封信扭转了舆论风向，成为危机公关的成功案例。

我们可以从中学到什么？

有人认为这封信的成功在于海底捞真正重视口碑，这个说得对，但是太抽象，不好学。

有咨询顾问认为，这封信说明在互联网时代，企业犯了错误"唯有双膝跪地、声泪俱下，照死道歉，才能用情绪感染情绪，获得用户原谅"，这个总结似乎既不准确，也不好学。

而如果用模式来分析这封致歉信，就能发现海底捞做对了什么（海底捞做了的，我们可以学），以及海底捞本来还可以做什么（海底捞没做的，我们也可以学）。

我想到了一个道歉公式，这是一个行动模式：有效的道歉 = 速度 + 坦诚 + 弱点 + 关注受害人 + 承诺进行改变 + 忏悔（赔偿）。⊖

我们用这个公式来分析海底捞的致歉信，会发现：海

⊖ 参见加林斯基，施韦泽. 怪诞关系学［M］. 符李桃，译. 北京：中信出版社，2017. 原书没有写成公式，是我改成公式的。

底捞这封致歉信有速度，有坦诚，有对弱点的暴露（透露一直在处理类似的问题），有承诺进行改变（但是不够具体）。

我们还会发现，这封致歉信缺了对受害人的关注和赔偿。海底捞也许想到过，但是可能不好操作——把在这两家店用过餐的客人都算作受害人吗？所以，这封致歉信没有明确受害人，只是"向各位顾客朋友表示诚挚的歉意"，而且反复表示"难过和痛心"与"惭愧和自责"。

你用这个道歉公式来学习这封致歉信，才真正学到了方法。你不仅学到了海底捞做对的事情，还学到了它本来还可以做的事情：下次你该道歉的时候，如果有具体的受害人，就需要加上对受害人的关注以及赔偿。

用模式来分析碎片，我们学到的就不是"重视口碑"或者"用情绪感染情绪"这些大而无当的概括，也不是海底捞道歉信的具体措辞，而是遇到所有需要道歉的情况该怎么道歉的模式。

例二：任正非的一段话

与海底捞一样，华为也是中国企业学习的热门对象。很多企业在学华为，很多企业家在学任正非。

任正非有很多讲话，人们学任正非的一个主要手段，就是学这些讲话。如果你只是记住任正非的只言片语，那只是在碎片化学习；真正有效的学习，是发现碎片背后的模式。

据说，任正非有这样一句话：

我们要砍掉基层的脑袋、中层的屁股、高层的手脚。

有一次，我的一个 MBA 学生在微信群里发这段话，说任正非讲得太深刻了。

我说：这不是什么新鲜的见解，而是管理学教科书都会提到的一个模式。而且我早在课堂上给你们讲过了。

我在这本书里也早就讲过了，你能想起来吗？

它就是管理者三大能力模型。任正非这句话中的"脑袋"和"手脚"，跟概念能力和技术能力的对应关系是很明显的。

所以，"砍掉基层的脑袋"是强调：基层最重要的是技术能力，好好干活，别整天胡思乱想。不是说工作不需要动脑筋，而是说不要去想华为公司的战略方向对不对。

"砍掉高层的手脚"是强调：对高层来说，概念能力最重要，高层要多想方向和大局，不要被具体事务束缚。

"砍掉中层的屁股"解读起来稍微难一些。管理者三大能力中其他两大能力都已经强调过了，那么，这里可以对应人际能力。

我是这么解读的：中层不要坐着瞎指挥，要起来多走动，多去跟他人沟通。管理学上有个对应的概念——走动式管理，多走动当然对人际能力有要求。这个对应关系不像另外两个那么直接，但是也说得通，而且这也是华为倡导过的管理方法（华为称之为"走动管理"）。

用管理者三大能力这个模式来分析任正非的这段话，就能够学到本质。不懂这个模式，你也许就会学偏。

比如有人这样理解"砍掉高层的手脚"："我们知道，中国社会讲究关系。一些高层管理者喜欢把自己的亲信安插在企业的各个部门，所谓高层的手脚就是他们的爪牙。"不，任正非不是这样想的。如果任正非这样想，那么他想得就不够深刻。

还有人把"砍掉高层的手脚"解读为用股权激励来限制高层的流动。不，任正非也不是这样想的。

后来我去华为讲课的时候，特意问了一下华为内部是怎么解释这段话的。他们说，"砍掉基层的脑袋"和"砍掉高层的手脚"这两句，华为的解释跟我的解释是一样的；但是"砍掉中层的屁股"这一句，他们解释为不要"屁股决定脑袋"，不要本位主义。[⊖]

我觉得我的解释比华为内部的解释更好，有两个理由：第一，如果强调中层不要本位主义，要有大局观，那就是在强调概念能力，跟高层有重复；第二，把三大能力中的人际能力给遗漏了。

而按照我的解释，管理者三大能力都强调了，没有遗漏，而且三个层级强调三种不同的能力，没有重复，更有层次感，不是更有指导意义吗？

后来我查了一下，那句话不是任正非的原话，而是他人"篡改"的。最接近任正非原话的表述是这样的：

将来轮值 CEO 要做战略家，手脚都要砍掉，只剩脑袋；首席 ×× 官要做战略家，应该站在全局视野上看系统结

⊖　其实我早就想到了这种解释（以及其他可能的解释）。我曾在《为什么你不该学任正非》（《中欧商业评论》2016 年 10 月刊）一文中谈到对"砍掉中层的屁股"可以有多种理解，包括"放弃本位主义，多从其他部门和公司大局出发来思考"。

构。先将他们的屁股砍掉，让他们不能坐在局部利益上。[○]

你可以看到，尽管任正非明确说"砍掉屁股"是指不要本位主义，但他说的不是中层，而是高层（首席 × × 官）。任正非原话强调的是高层要有概念能力，跟管理者三大能力模型是相符的。

这就是掌握了模式的好处：我用模式来分析流传的那句话，把它看得很清楚，甚至比"篡改"那段话的人看得更清楚。

例三：射稽是个好歌手吗

2020 年 10 月 26 日，有人在我的公众号文章评论区留言，提到《韩非子》中射稽唱歌的故事。我孤陋寡闻，第一次听说，后来查了一下，发现是个很有趣的故事。

原文我就不引用了，下面用大白话重新讲一遍：

宋国修建练武场。歌手癸在工地唱歌，路人驻足观看，工人不知疲倦。宋王听说了，召见癸，赏赐他。癸

○ 华为内部资料，任正非于 2013 年 12 月 28—29 日在运营商网络 BG 战略务虚会上的讲话及主要讨论发言。

说："我的老师射稽比我唱得好多了。"宋王找来射稽，让他去工地唱歌。结果，路人继续走路，工人感觉疲倦。宋王对癸说："过路的不停，工人觉得累，你的老师唱得不行啊。"癸说："大王啊，你考核的标准错了。我唱歌那天，工人修了 4 堵墙；我老师唱歌那天，工人修了 8 堵墙。如果你用手指去捅，我唱歌那天修的墙，可以捅进去 5 寸；我老师唱歌那天修的墙，只能捅进去 2 寸。"

我的第一感觉是：这是个好故事。但是它背后的模式是什么，我并没有完全想清楚。是怎样才算唱得好，应该看情况吗？还是说考核标准要正确呢？这些道理不算错，但我觉得都不是最贴切的。

前面讲到了海底捞和华为两个例子，第一个，我稍微寻找了一下模式；第二个，我一眼就看到了模式。而这个例子，我很用力地寻找模式。

我第二天突然想清楚了。这个故事体现了一个领导力模式，就在德鲁克的这句话中：

卓有成效的领导者不是被人爱戴或者景仰的人，而是其追随者做正确的事情的人。广受欢迎不是领导力，成果才是。[21]

乔布斯就是这样的领导者。他的某位下属回忆说："他会在开会的时候大喊'你这个蠢货，你从来就没有把事情做对过。'类似的事情好像每个小时都会发生。"但是，在乔布斯的激励下，很多人确实做到了当初不认为自己能够做到的事情。所以这位下属回首往事，这样总结："但我还是认为，能够和他并肩作战，我真的是世界上最幸运的人了。"[22]

这个领导力模式还可以移植到师生关系中。实际上，德鲁克已经替我们移植了。德鲁克这样说：

第一流的老师并不经常广受欢迎，事实上，大受学生欢迎的老师，并不一定能对学生造成冲击力。[23]

好老师是让学生学到东西的老师，不一定是大受学生欢迎的老师。老师要想让学生学到东西，有时需要做一些学生并不欢迎的事情。[24]

我用德鲁克的领导力模式和好老师模式来分析射稽唱歌这个碎片，才真正理解了它。

这个分析过程还启发我：既然射稽不是领导者，也不是老师，所以德鲁克的领导力模式和好老师模式还可以扩展为一个更一般的模式。

对于刚才这个例子，我既用模式分析了碎片，也用模式吸收了碎片。经过用模式分析碎片的过程，我才真正吸收了它，并找到了安放它的地方。

因此，尽管我把用模式吸收碎片和用模式分析碎片并列为两种策略，但两者不可能截然分开，而是互相重叠的过程。

策略四：用模式比较模式

在对射稽唱歌的例子的分析中，我已经使用了模式化学习的第四个策略：用模式比较模式。

对同一地域，我们往往有不同的地图；对同一事物，我们往往有不同的模式。哪一个更好用？我们需要比较不同的地图、不同的模式。

弗洛伊德曾经说过：把两个核桃撞在一起敲碎比一个一个地敲更容易。我们用模式比较模式，有点像一次开两个核桃：让两个模式互相撞击，可以把两个模式都看得更清楚。

下面先简单介绍比较模式的主要方法，然后举几个具体的例子。

比较模式的主要方法

比较模式的主要方法可以称为"存同求异"。这是把成语"求同存异"改动了一下。

存同求异大概有这么三步：

- 存同：找到要比较的两个模式的相似之处
- 求异：比较两个模式的不同之处。这一步是重点
- 取舍：决定留下哪一个模式

在取舍这一步，可以有三种选择：留下一个，舍弃另一个；把两个模式合并为一个新模式；保留两个模式，在不同情境下使用。

这三步当中，第二步的求异是重点。下面举三个例子，来进一步说明这三步以及为什么求异是重点。

例一：比较两个道歉模式

前面提到过一个道歉公式：有效的道歉＝速度＋坦

诚＋弱点＋关注受害人＋承诺进行改变＋忏悔（赔偿）。

我还看到过另一个道歉公式：有效的道歉 =4R[25]。
4R 分别是：

- 懊悔（remorse）：表示我知道我做错了，给别人带来
了伤害
- 补偿（restitution）：尽量做出补偿，哪怕只能补偿一
部分
- 改正（rehabilitation）：用行动说明你已经接受教训，
在将来不会犯同样的错误
- （过一段时间）请求原谅（requesting forgiveness）：在
你用行动说明你已经"改正"之后，过一段时间（！），
去请求对方原谅

现在比较一下两个公式。

第一个公式更长，有 6 项内容。第二个公式只有 4 项。

其中，有两项是基本一样的，"承诺进行改变"就是
"改正"，"忏悔（赔偿）"就是"补偿"。

刚才进行的是第一步：存同。现在进入第二步：求异。

在求异这一步，要发现那些差异中的相同之处。比

如，第二个公式中的"懊悔"包含了第一个公式说的"关注受害人"的内容。

而且，"懊悔"还可以说包含了对应"坦诚"的内容。这个对应给第一个公式中的"坦诚"补充了内容：就是要坦诚地懊悔。

另外，第二个公式中的"改正"也可能包含了第一个公式中的"弱点"。

两个公式最大的不同是：第一个公式中的"速度"在第二个公式中没有。而第二个公式中的"（过一段时间）请求原谅"，在第一个公式中没有。而且，"过一段时间"这部分内容，跟"速度"好像是相反的。

但是如果仔细看，可以认为第二个公式中的"懊悔"包含了"速度"：要在第一时间表示"懊悔"。

所以真正最大的不同，在于第一个公式没有"（过一段时间）请求原谅"这一部分。这一点是否重要呢？如果重要，第一个公式为什么没有呢？

我思考的结果是：这一点其实很好，是针对个人道歉的很好的建议，但是对企业道歉不是很适用。

所以我有了一个重要发现，第一个道歉公式主要是针对企业的，把企业道歉的要点说得更细致。

第三步的取舍该怎么选择呢？我觉得，可以考虑把两个公式合并为一个新公式；也可以保留两个公式，分别作为企业道歉和个人道歉的公式。

通过这个例子，你应该发现了为什么第二步是重点，其实有两个相互关联的原因：第二步决定了第三步，也就是最后的结论；第二步最难。

例二：比较两个员工评价模式

前面讲到，企业一般用"能力与态度"或者说"才与德"这两个维度来把员工分为四类。有人这样说这四类员工：

- 有才有德是精品
- 无才无德是废品
- 有德无才是次品
- 有才无德是危险品

把有才无德的员工比作危险品，很精彩。首先，它形容得很准确。因为无德而有才，所以有可能造成很大的破坏，像是危险品。而且这个比喻对于怎么对待这样的员工，相当于自带了答案。之前提到的不同的处理方式（坚决清除和限制使用）其实并不矛盾，都是对待危险品的方法：如果不得不使用，就限制使用；否则就坚决清除。

但是，这个模型有个问题：怎么判断谁是危险品（能力强、态度差的员工）呢？能力与态度（或者说才与德）都是很抽象的词，尤其是态度，怎么评价态度好坏呢？在实际操作中，上级评价下属的态度好坏，很容易变成评价下属"对上级的态度"好坏，而非下属"对工作的态度"好坏。

管理学者罗伯特·凯利提出过一个模型。[26]这个模型也用两个维度对员工或者下属进行评价，它使用"是否积极参与"与"是否独立思考"这两个维度把员工分为四类[⊖]：

- 积极参与 + 独立思考 = 明星

- 积极参与 + 不独立思考 = 顺民

⊖ 凯利其实把员工分为了五类，多出一个在四类之间游走的"实用主义者"。我认为没有必要。如果有兼跨四类的员工，就一定还有兼跨两类或三类的员工。关于对凯利模型以及其他追随者模型的分析，参见我的《领导力：解决挑战性难题》一书第三章。

- 不积极参与 + 独立思考 = 隐士
- 不积极参与 + 不独立思考 = 绵羊

凯利模型中的明星，往往会因为他们的独立思考而被使用"能力与态度"模型的管理者认为是危险品。那么，这两个模型是相反的关系吗？

我比较这两个模型的结论是：凯利模型是对"能力与态度"模型的有益补充，是对态度的细化。怎么看员工态度好不好？看两个维度——是否积极参与，是否独立思考。我的结论是：管理者需要同时使用这两个模型。

在我上述对凯利模型与"能力与态度"模型的比较过程中，第一步存同和第二步求异是交织在一起的。这个例子比较的难度比例一更大。

例三：再比较两个员工评价模式

我再把凯利模型跟另一个模型比较一下。

管理学者曾仕强也有自己的员工分类模型。他认为员工有三种，分别是找死的、等死的、怕死的。他又将人分为三种：硬汉、隐士和顺民。[27]可以认为曾仕强把员工分为三种：找死的硬汉、等死的隐士、怕死的顺民。

曾仕强模型其实是去掉了绵羊的凯利模型：

- 硬汉＝积极参与＋独立思考

- 隐士＝不积极参与＋独立思考

- 顺民＝积极参与＋不独立思考

我觉得有绵羊更好。绵羊指那些需要"胡萝卜和大棒"激励才能往前走的员工，而顺民则是"老板一挥手，我就往前冲"的员工。区分这两类员工有意义。

也就是说，曾仕强模型只是对凯利模型的改编，而且并没有改得更好。因此我的结论是：有了凯利模型，就不需要曾仕强模型。[○]

策略五：搭建一棵模式树

模式化学习的第五个策略是搭建一棵模式树。

搭建一棵模式树要做三件事情。第一件事就是刚刚讲

○ 学习力的五项修炼不是并列的，而是层层深入的。学到这里，你有没有留意到，用模式比较模式就是第二项修炼"参考答案思维方式"中的"单人互动"与第四项修炼"模式化学习"的结合？

到的用模式比较模式。通过比较模式，我们找出需要保留的模式。第二件事是连接模式，把保留下来的相关模式连接起来。第三件事最关键，是找到模式树的树干，把相关的模式围绕这个树干组织起来。

前提：比较模式

搭建模式树以比较模式为前提。因为你选择以哪些主要模式来搭建这棵树，一定要经历一个比较模式而非只是背诵模式的过程。

有西方学者区分了两种知识的掌握状态，一种是了解，另一种是知晓。[28]这其实就是王阳明所说的"记得"与"晓得"。

有人问王阳明："读书不记得如何？"王阳明回答说：

> 只要晓得，如何要记得？要晓得已是落第二义了，只要明得自家本体。若徒要记得，便不晓得；若徒要晓得，便明不得自家的本体。

如果你记得某一个模式，甚至记得好几个模式，但是没有比较过，那你仍然只拥有碎片知识。只有晓得的知识，才是你所拥有的模式知识。

比如"能力与态度"模型，如果要晓得，就需要真正理解它的逻辑，明白它的局限性。要做到这一点，必须对模式进行比较。我现在就再进行一次用模式比较模式。

有研究发现，人们对他人的第一印象主要围绕两个维度展开：友善与能力。[29]前一个维度看对方的态度是否对自己有利，后一个维度是看对方是否有能力实施这个态度。从这两个维度看待他人有利于自己的生存，有进化上的好处。

你有没有注意到，这个模型的两个维度跟"能力与态度"模型的两个维度是对应的？这个模型告诉我们，人们的本能不是判断对方对待工作的态度，而是判断对方对待自己的态度。所以比较这两个模型之后，我们更能理解为什么人们使用"能力与态度"模型的时候容易走偏。

途径：连接模式

通过比较模式，我们真正理解了模式，而且选出了用哪些模式来搭建模式树。然后，我们把这些模式连接起来。

在比较模式的环节，重点是发现模式之间的不同；在连接模式的环节，重点则是发现模式之间的联系，尤其是发现模式之间的层级关系（纵向联系）。

看到一个有用的模式，我们需要思考这样的问题：如果这个模式是个小枝丫，它长在哪一个大枝丫上？（纵向联系）这个大枝丫上还应该有哪些小枝丫？（纵向联系）这些小枝丫之间的联系是什么？（横向联系）跟这个大枝丫同样"粗细"的大枝丫还有哪些？（横向联系）

关键：找到树干

我说的模式树，在德威特的《世界观》一书中被称为拼图[30]——组成拼图的有核心拼板与外围拼板。由于拼板之间相互连接，一块位于核心位置的拼板不能用另一块拼板替换，否则可能需要替换掉几乎整个拼图。而外围拼板则有可能加以替换。

回到树的比喻，核心拼板就是树干。搭建模式树的关键是找到这个树干，然后找到从树干延伸出去的大枝丫——也就是找到最核心的那一个模式，以及由它发散出去的少数几个主要模式。⊖

―――――――――

⊖　你有没有留意到刚才我又进行了一次用模式比较模式（用比喻比较比喻）？

搭建模式树的过程，尽管也有可能是从小枝丫找到大枝丫，然后从大枝丫找到树干的过程，但是这种可能性很小。模式树更可能是从树干开始搭建的。

梁漱溟这段话很有意思：

凡有系统的思想，在心里都很简单，仿佛只有一两句话。凡是大哲学家皆没有许多话说，总不过一两句。很复杂很沉重的宇宙，在他手心里是异常轻松的——所谓举重若轻。

梁漱溟说的"一两句话"，其实就是模式树的树干，是拼图最核心的那一块拼板。从这一两句话，可以延伸出整个思想体系。

经济学家米塞斯说：

在货币这个概念里，已蕴含货币理论的一切定理。[31]

费曼曾经问过这样一个问题：如果人类的所有知识都在一次浩劫中被摧毁了，有哪一句话可以把最多的信息传给下一代的生物？费曼建议用这样一句话：

所有的东西都是原子组成的。原子是微小的、一直在运动的粒子，它们分开一定距离时会相互吸引，但是被挤在一起的时候又会互相排斥。

费曼说："就这么一句话，只要你用一点点想象力，加上思考，你就可以看出这句话里面蕴含了关于这个世界不可胜数的信息。"[32]

我有跟米塞斯和费曼类似的体会。我发现，我的"领导力"这个概念，已经蕴含了我所有的领导力思想。

我对领导力的定义是"解决变革性难题"，它包括承担责任、直面难题、密切联系群众、讲故事、从失败中学习等十个大枝丫（十项修炼），每个大枝丫又延伸出许多小枝丫。前面讲到的道歉公式，我可以把它作为一个小枝丫，安放在从失败中学习这个大枝丫上。

这十个大枝丫不是随便找出来安在树干上面的，而是我对领导力的定义的必然结果。比如，解决难题要求动员团队（一个人能解决的问题不是难题），而动员团队就需要密切联系群众，动员团队解决难题要求讲故事……

尽管搭建模式树的关键是发现树干，但你不可能在对某个领域知之甚少的时候就找到树干。你需要经过一段时间钻研（也就是聚焦专题），掌握这个领域的经典模式，而且知道该领域主要的模式树的树干是什么，才可以试着搭建自己的模式树，"立起"自己的树干。

在大脑中搭建模式树是可以换树干的。这时我们用拼图的比喻更好理解：你试着用某块拼板作为核心拼板，试了试发现不行，那就换一块。

王阳明认为最高境界是"明得自家本体"。这可以理解为搭建好了自己的模式树，尤其是树干部分。有了自己的模式树，你读书就主要是把读到的知识融入自己的模式树之中。

策略六：建立模式的树林

模式化学习的第六个策略是建立模式的树林。

我们不但要建立模式树，如果可能的话，还应该建立不止一棵模式树，而且要在树与树之间建立联系，从而建立模式的树林。

这些树与树之间，也许是树枝和树叶交错在一起，还有可能是它们的根在地下缠绕在一起。这些缠绕的根很可能是一些跨学科的核心问题。比如西蒙的研究围绕"人是怎么决策的"而展开，马奇的研究围绕"组织是怎么决策的"而展开。投资家芒格大力倡导建立跨学科的模式框架（也就是我说的"模式的树林"），也可以说是围绕"有效的商业模式有哪些"这个问题而展开的。

模式树还可能以别的方式联系在一起。我下面主要讲一种特别的方式：共享模式——许多貌似不相干的不同领域的模式，本质上是同一个模式。

下面是三个例子。

例一：管理学中的欧姆定律

哈佛大学教育研究生院教授戴维·珀金斯问一群人："你真正理解透彻的知识有哪些？"有人回答："欧姆定律。"

欧姆定律由 19 世纪的物理学家欧姆推导得出。简单地说，欧姆定律的公式可以表示为电流等于电压除以电阻。已知其中任意两者，可以计算出第三者。

这个人说，他在进入大学之前就学过欧姆定律，也能完成课本上的习题。读大学期间，他再次学习欧姆定律。这时，一位室友告诉他，欧姆定律的原则可以在更广泛的领域内使用，比如，运用于推算热导管的气流量。这是把欧姆定律变为：气流量等于气压除以导管阻力。看到原本似乎只属于电线、电池和灯泡世界的欧姆定律居然可以如此广泛地得到运用，他就被深深地吸引了。

接着，他具体讲述了自己如何在现实生活中运用它。他家里有些房间很冷，怎么办呢？他根据欧姆定律，按照能够大幅提升气流量的方式重新配置了房子的通风系统，使得供暖系统更为有效了。

我们可以认为，这个人对欧姆定律的学习，已经达到了模式化学习金字塔的模式迁移的层次。不过，珀金斯下面对欧姆定律的讨论，显然处在了更高的模式迁移的层次。

珀金斯说，欧姆定律可以变为一个更普遍的模式：流量＝压力／阻力。阻力一定时，压力越大，所得流量越大；压力一定时，阻力越大，所得流量越小。以除法版本呈现的模式让许多物理定律的逻辑更加清晰。例如，著名的牛顿第二定律公式 $F=ma$ 可以改写为：加速度＝物体所受的合外力／物体质量（$a=F/m$）。

珀金斯认为，同样的模式还可以用于牛顿的万有引力定律：两个物体之间的引力与物体间距离的平方成反比。这时，物体间距离的平方应当被放在模式中"阻力"的位置上。

因为我并不熟悉物理学知识，所以珀金斯讲到现在，我并没有真正将其跟我的已有知识联系起来。但是，珀金斯举的下一个例子让我真正开窍了。

这个例子是：贪污 = 权力 / 社会及法律约束。这个公式表达了"权力使人腐败，绝对的权力导致绝对的腐败"的深义。珀金斯指出，假设不存在任何社会及法律约束，即分母为 0，那么绝对的权力就会导致趋于无限的腐败。[33]

读到这里，我觉得我从"记得"进入"晓得"了！这个例子可以说是政治学的欧姆定律。然后我想，管理学中是否有欧姆定律呢？回答是：当然！

比如，我可以创造一个公式：员工绩效 = 动力 / 阻力。这个公式告诉我们，提升员工绩效应该做两方面的工作：提升他们的动力，消除他们面对的阻力。

动力包括物质和精神上的激励等。消除阻力包括提供给他们合适的工具，为工作制定合理的流程，为他们配备胜任的伙伴，等等。

很多时候管理者忽视了消除阻力这个维度。有一本叫《绩效教练》[34]的书就着力于解决这个问题，该书提供的教练工具主要围绕消除阻力展开。

之前提到的管理学中的双因素理论，其实也是欧姆定律的一个变形。

心理学家加里·克莱因提出过一个绩效公式：表现提高＝减少错误＋增加洞察力。[35] 这个公式尽管用的是加法，其实也是欧姆定律的变形。有意思的是，很多管理者告诉克莱因，他们只是注意了减少错误这个维度。克莱因很可能不知道，他这个公式在教练技术刚创立时就被提出来了，是该领域的一个基本公式。

现在，我们可以总结出物理学、政治学、管理学的欧姆定律共有的高阶模式：结果＝动力／阻力。

这个高阶模式不能完全替代那些更为具体的模式，因为后者在更为具体的情境中更"准确"。但是，看清它们背后的高阶模式，不但加深了我们的理解，还把不同学科中的模式联系了起来。

我留一个思考题吧：把这个高阶模式用到学习上，可以跟我们讲过的什么模式联系起来呢？

例二：比尔·盖茨浪费了 4000 万美元？

有一天，比尔·盖茨读到几篇研究教学质量的论文。

他被吸引了，同时也被震惊了：他发现，这个如此重要的课题，研究之少简直令人震惊。于是他投入 4000 万美元，启动了名为"有效教学测量"的大型研究项目。

这个研究最终发现：学生的学习效果取决于两大因素。第一大因素被称为学业压力，主要涉及教育工作者在何种程度上督促学生努力学习、深入钻研教学资料。第二大因素被称为学业支持，主要指学生在何种程度上感受到教师对他们的激励。[17]

这是什么惊人发现吗？其实不是。这两大因素就是管理行为中的任务行为和关系行为。

管理行为或者管理风格有很多说法，比如早期的管理方格（后来改名为领导力方格），或者流传至今的情境领导力（参见第二章），都是基于任务行为和关系行为这两个维度的组合。

也就是说，研究发现的结果是：任务行为和关系行为很重要。如果只是发现了这一点，那么盖茨浪费了 4000 万美元。但是它应该有更具体的发现。因为教学中的任务行为和关系行为，其具体表现是不一样的。那些具体表现上的发现，才是价值所在。

在任务行为与关系行为的二分法背后，还隐藏着一个更高阶的模式：工具性关系与情感性关系的二分法。任务行为体现的是工具性关系，把对方当工具，追求功利性结果。关系行为体现的是情感性关系，把关系本身作为目的。

工具性关系和情感性关系的二分法，是一个非常基本的社会生活模式。可以用这个模式对所有关系分类——是工具性关系，还是情感性关系，抑或是二者混合的关系？市场关系就是工具性关系，家人关系就是情感性关系。

当然，绝大多数关系都是混合的，比如朋友就往往兼有两种关系。所以我们可以继续给朋友分类：是工具性关系主导的朋友，还是情感性关系主导的朋友？

还记得芭蕉和丁尼生两位诗人对待花的不同方式吗？这两种不同的方式，也可以概括为天人合一和人定胜天。这种二分法和情感性关系与工具性关系的二分法其实共享一个高阶模式：存在与占有。

芭蕉是存在式的，他尊重花的存在，只是体验这个美好的瞬间，体验他和花之间的情感性关系。而丁尼生则是占有式的，他想要占有花，占有知识，把花和知识都作为追求其他结果的工具。

上述这段分析，在学习、管理、人际关系等不同领域，发现了共有的高阶模式。

例三：熟悉 + 意外 = 喜欢？

我再讲一个高阶模式，它跟本节内容特别相关。

有人概括了这样一个公式：熟悉 + 意外 = 喜欢。[一]这个公式其实是错误的。我可以举出很多反例。

比如，你太太天天留长发，你很熟悉吧？然后今天她逛街回来了，其他的穿着打扮都是你熟悉的，可是理了一个秃头，你意外吧？这是熟悉加意外，但是你喜欢吗？

又比如，每个月你的工资单上奖金是 1 万元左右，你很熟悉了。然后今天发了这个月的工资单，其他各项都是你熟悉的，就是奖金变成了 1000 元，你意外吧？这是熟悉加意外，可是你喜欢吗？

不过，这个公式稍微改一下就正确了，而且很有用。修改后的公式是个重要的高阶模式：

熟悉 + 意外 = 注意

[一]　万维钢的《学习究竟是什么》（新星出版社 2020 年版）一书多次使用这个公式，未注明原始出处。

这个公式中熟悉和意外的顺序不能交换，因为在熟悉的基础上我们才能注意到意外。而且意外不能太多，不然你注意不过来，比如一个居住在原始森林的土著人突然被空降到纽约街头，周围新奇的事物太多，他会注意不过来。

前面举的两个例子（太太的秃头、变少的奖金）都是熟悉加少量意外的例子，你很可能不喜欢，但绝对会注意。喜欢也需要先注意，但是注意之后不一定喜欢。

其实，"熟悉＋意外＝注意"这个公式用到学习上，就是我们反复强调的学习力第一公式：

学习 = 我知道 + 我不知道

学习是一种更加具体的注意，是在"我知道"（熟悉）的基础上去注意并吸收"我不知道"（意外）。

这一章的主题是模式化学习，强调了学习力第一公式的一个变形：

学习 = 模式 + 碎片

这个公式更具体地解释了学习的"注意"过程：我们

在模式（熟悉）的基础上注意到碎片（意外），并用模式吸收和安放碎片。

模式化学习的重点就是要熟悉少数核心的模式，建立自己的模式树，然后以此来吸收、安放那些看似意外的碎片。

模式化学习的口诀

哲学家叔本华说：

历史教导我们说，在每一不同的时间都有不同的东西，但哲学则着力帮助我们获得这一见解：在任何时候——过去、现在、将来——都只是同一样的东西。

换句话说，多变的历史是碎片，不变的哲学是模式。所以叔本华认为：

从哲学的角度看，读完希罗多德的著作就已经算是学完历史了，因为希罗多德的著作已经包括了所有后来的历史所包括的东西：人类的奋斗、痛苦和命运……

希罗多德被称为"历史之父"，只写了古希腊的部分历史。但是叔本华认为，读这一段历史，从中提炼出模式，就够了，因为之后的历史也是这些模式。

我同意叔本华的要点：应该把少数历史事件作为聚焦的样本，学得少而深，从中推演出那些永恒的历史教训。

但是，即使是叔本华推崇的代表模式的哲学，也没有必要学太多，而是应该聚焦少数专题、少数作者，学得少而深，建立起自己的模式树，然后用这些模式去吸收其他知识。

我讲了模式化学习的多个策略。如果用一个口诀来总结模式化学习，这句口诀会是什么呢？

其实，这句口诀很简单。就是不管学习什么内容，都问这一个问题：

模式是什么？

我刚刚引用的叔本华的话，启发我们可以把这个问题问得更具体一些，就是：

如果这只是碎片，它背后的那个在其他场合、其他时

候同样成立的不变的模式是什么？

如果我们能够找到那个在其他场合、其他时候同样成立的不变的模式，就可以进入模式化学习金字塔的最高层——模式迁移，也就是进入了学习力的下一项修炼——深层迁移。

| 第五章 |

深层迁移

UNLEARNING

The Five Disciplines
of Learning

——

《人是如何学习的》一书说"迁移被定义为，把在一个情境中学到的东西迁移到新情境的能力"。这是用"迁移"来定义"迁移"，显然不太好。不过稍微修改一下就好了：

迁移就是把在一个情境中学到的知识应用到新情境。

　　其实不难发现，迁移是一种特殊的学习。把学习力第一公式稍微变形一下，就产生了专指迁移的公式：

迁移 = 旧知识 + 新情境

　　我们通常所说的学习，是把旧知识（"我知道"）和新知识（"我不知道"）联系起来。而迁移作为一种特殊的学习，则是把旧知识（"我知道"）和新情境（"我不知道"）联系起来。

有人认为，迁移是最重要的学习能力。我认为，深层迁移才是最重要的学习能力。所谓深层迁移，就是把旧的模式知识和新情境联系起来。

作为学习力第五项修炼的深层迁移，是最重要的一项修炼。

深层迁移：最重要的学习能力

我先说说迁移的重要性。

迁移的重要性

我们在工作和生活中会遇到各种各样的问题，如果你每遇到一个问题都要学习一个新的解决方案，这既不现实，也没有必要。

如果你擅长迁移，就可以在遇到新问题的时候，把之前学到的解决方案拿过来使用。这样，你只需要学习少数解决方案，就可以解决很多问题。

所以，迁移是很重要的学习能力。这一点，中国古人其实早就发现了。

在《论语》中，孔子说了这么一句话："举一隅不以三隅反，则不复也。"这句话是说，一张桌子有四个角，我教给你一个角的道理，你自己要能够推断出另外三个角的道理来。

这是举一反三这个成语的出处。举一反三就是迁移。

另外还有个成语叫学以致用，说的其实也是迁移。学以致用就是你把从书本上学到的知识，用到自己的实际情境之中。你从书本上学到的知识不是为你量身定做的，而是从别的情境中概括出来的知识，现在要用到你自己身上，用到你自己的情境中，这不就是迁移吗？

之前我强调过学习有两个部分：学和习。学而时习之，就是学以致用，就是迁移。

举一反三和学以致用，是很重要的两件事，其背后其实是同一个学习过程，就是迁移。

所谓的近迁移和远迁移

近迁移和远迁移是研究迁移的学者常用的分类方式：

- 近迁移是在两个比较相似的情境之间进行迁移
- 远迁移是在两个不太相似的情境之间进行迁移

这样分类，粗粗一看似乎也有道理。

我们先来看一个例子。

一个小学数学老师讲了一道例题：小明骑车上学，从家到学校的距离为 1000 米，小明用了 5 分钟，请问小明骑车的速度是多少？这个问题的解题思路应该是用 1000米除以 5 分钟。然后，老师给小朋友留了一个作业题：小强走路去商场买文具，从家到商场的距离是 3000 米，小强走了 40 分钟，请问小强走路的速度是多少？

不难看出来，例题和作业题的情境很相似，小朋友把从例题中学到的解题思路应用到这道作业题中，就是一次近迁移。

我们再来看一个例子。

假设有一个商人，同时经营几种商品，现在因为激烈的市场竞争而经营困难。他正在苦苦思索到底该怎么办。他还是个象棋爱好者，业余时间喜欢下棋。今天跟人下棋的时候，他用上了一招叫"弃车保帅"。他突然意识到，这一招不是也可以用到自己的经营上吗？他可以放弃几种次要商品，集中精力和资源，全力经营目前销量最大，也是创造利润最多的那种商品。

在这个例子中，商人把象棋领域的知识迁移到经营上，两个情境差异很大，这就是一次远迁移。

从上述两个例子来看，远近迁移的区分似乎有些道理。但是，出于两个理由，我认为远近迁移的区分没有太大意义。

第一，远近迁移的区分是模糊的。

所谓的近迁移和远迁移，区分的标准是迁移的情境是否相似。但是，怎么定义相似呢？要多相似才算相似呢？

比如说，一种管理实践从一家企业到另一家企业的迁移，相比从一家企业到一个政府部门的迁移，情境上是否更为相似？其实不一定。从一家民营企业到一家国有企业的迁移，情境上可能并不比从一家国有企业到一个政府部门的迁移更为相似。

有学者提出可以从 9 个维度来评估学习迁移的远近，包括知识领域、时间背景、物理背景等。[1]可是，我们怎么知道该用 9 个维度的哪一个或者哪几个呢？

第二，区分远近迁移可能对实践产生误导。

区分远近迁移的一个目的是告诉你：在两个相似的情境之间进行迁移，更容易；如果你进行的是远迁移，要小心。

这其实是不成立的。这样区分对能否进行成功迁移不仅没有指导意义，还很可能起误导作用。

我举一个前面提到但没有展开的例子。

我曾经为一家餐饮企业提供了较长时间的辅导。这家企业已经很有名了，很多别的企业在向它学习，同时它也非常重视向其他企业学习。有一次，这家企业派人去海底捞学习，有一个店长听到海底捞有这么一个做法，就是给戴眼镜的顾客提供免费的眼镜布。这个店长觉得特别好，学习回来，在自己的店里，也让服务员给戴眼镜的顾客提供免费的眼镜布。

这是一家餐饮企业学习另一家餐饮企业，看起来是很相似的两个情境，那就应该是比较容易的近迁移了。但我们不难发现，这次迁移是错误的。海底捞主营热气腾腾的火锅，顾客眼镜容易起雾。而那家餐饮企业主营炒菜，没有眼镜起雾的问题。所以，海底捞发眼镜布有道理，那个店长学海底捞发眼镜布，就没道理了。

那么，是不是情境更为相似的企业——比如另一家经营火锅的餐饮企业——才能学习海底捞呢？当然不是。

把重点放在迁移的远近上，实际上是一种误导，它让你更关注情境的表面特征是否相似，而忽略了迁移能否成功的关键——是否拥有共同的深层模式。

表层迁移和深层迁移

前面讲到的那个学习海底捞的案例之所以失败，根本原因在于没有把背后的模式提炼出来。那个店长迁移的只是碎片，不是模式。迁移是否成功，关键不在于两个情境的远近，而在于是否把适用于这两个情境的共性模式提炼了出来。

所以，我现在重新给迁移分一下类，分为表层迁移和深层迁移：

- 表层迁移就是把一个情境表层的碎片知识直接应用到另一个情境之中，也就是直接迁移碎片
- 深层迁移是把一个情境的知识"去情境化"，把隐藏

在表层的碎片知识背后的深层的模式知识提炼出来，

然后应用到另一个情境之中，也就是对模式进行迁移

真正有效的迁移是深层迁移。如果一个情境的知识可以应用到另一个情境之中，那一定是这两个情境具有相同的深层模式。它们的表层特征可能相似，也可能不相似，但是一定有共同的深层模式。你需要把深层模式提炼出来，然后在模式的基础上迁移。

刚才讲到的那个店长如果进行深层迁移，可以怎么做呢？

他首先要意识到，发眼镜布只是一个浮在表层的碎片，他需要把深层的模式提炼出来。

那么，海底捞发眼镜布的深层模式是什么？参考答案其实不止一个。其中一种可能是，海底捞重视服务，发眼镜布，是为了消除顾客就餐过程中的一切不方便。那么，这个店长要学习的，就不是发眼镜布这个碎片，而是"消除顾客就餐过程中的一切不方便"这个模式。

然后，他应该想，顾客在海底捞就餐有眼镜容易起雾的不方便，那顾客在我们这里就餐会有哪些不方便呢？他把这些不方便找出来，去消除它。这就是深层迁移。

其实，我跟它的管理层提过一个不方便。他们有一些主打菜，味道都不错，而且分量都挺大的。有时候我一个人去就餐，只要一个主打菜都吃不完，但是我又想多吃两个菜。我推测其他顾客也有这个不方便。所以我建议他们，可以考虑推出小份的主打菜，或者主打菜拼盘。

你看，推出主打菜拼盘和海底捞发眼镜布，表面上看起来是完全不同的两件事，但它们背后是同一个模式。这样学海底捞，不是学得更有效，而且更有创造性吗？

后面还会详细分析这个例子。

四问学习法：最重要的学习工具

从前面的例子你可以看到，深层迁移，才能真正让你举一反三，学以致用。所以，深层迁移才是一个人最重要的学习能力。

但是，深层迁移不是那么容易进行的。这时，你可以用上我专门为深层迁移发明的工具——四问学习法。

如果说深层迁移是最重要的学习能力，那么，四问学习法就是最重要的学习工具。

四问学习法的来源

前面讲到的那个案例中的店长，你可能认为代表了不会学习那些人。其实不是。

那个店长的学习力已经比很多人强了，因为他问了自己一个问题：我可以怎么用？这是那些学习上的"天文学家"不会问的问题。

"我可以怎么用"是一句重要的学习口诀。这句口诀让学习有温度，在学和习之间架起桥梁，既推动学以致用，还推动用以致学。

但是，那个店长的案例也告诉我们，只问这个问题还不够，有可能只带来表层迁移。

我们需要一个比"我可以怎么用"更好用的学习工具。

我在辅导那个店长所在的餐饮企业的时候，为了帮助他们更好地学习，发明了四问学习法这个工具。包括四个问题：

- 我听到什么？
- 我想到什么？
- 我变成什么？

- 我用到哪里？

这四个问题的关键字分别是听、想、变、用。我也常常用"听想变用"来概括四问学习法。

四问学习法是对"我可以怎么用"这个问题的细化。原来的问题也很好，但是不够具体。使用四问学习法可以让你对知识的把握更准确，对知识的应用更具体，最为重要的是，它可以让你对知识的迁移在模式的层次上进行，从而使得迁移更有效。

四问学习法的使用指南

我先简单介绍一下四问学习法的使用，后面会有很多具体的实例。

四问学习法的四个问题其实是四个步骤。

第一个问题：我听到什么？

这是第一步：吸收。要求你能够复述、概括学习内容。

四问学习法最适合在听课、参加培训、参访企业、接受辅导之后使用。这些场景中都有人把知识讲给你听，所以首先问：我听到什么？

这个方法同样适用于读书。尽管这时是在"读"而非"听"知识，我还是建议问：我听到什么？你可以假想作者正在对你娓娓道来——你不是在读，而是在听。用"听"而不是"读"或者"看"，更有可能促进你和作者的对话。

第二个问题：我想到什么？

这是第二步：联系。要求你能够把你听到的知识跟已有的模式知识联系起来。

这一步是发现模式的过程。你假设自己听到的是碎片，要去发现背后的模式。即使你听到的是模式，它也可能是一个更大的模式的碎片。

第三个问题：我变成什么？

这是第三步：调整。要求你根据自己的理解和需要，对第二步想到的模式进行调整，以便自己应用。所进行的调整可能只是细微的变化，也可能是全新的创造。

第四个问题：我用到哪里？

这是第四步：应用。要求你明确应用知识的具体情境。

这一步有三个目的。

第一，检验你在前面三步得出来的知识有没有价值。如果一个知识，你不知道在自己身上可以怎么用，那说明这个知识对你没有价值，或者说明你学得还不够好，没有把知识的价值发掘出来。

第二，帮助你把前面三步得出来的知识掌握得更深刻，也就是"用以致学"。你只有知晓一个模式知识在具体情境中该怎么应用，才算是真正掌握了这个知识。

第三，为真正应用这个知识做好准备。如果你明确了具体的应用情境，那么即使你还没有真正动手开始用，你的大脑也已经对真正应用它做了准备。

走完第四步，如果你对结果不满意，可以回到第一步，重新使用四问学习法。

下面，我举一些使用四问学习法进行深层迁移的例子。本章所举的这些例子将连续编号，方便后文对它们展开进一步的讨论。

例一：吃到八分饱，我就停下来

我从一本书上读到过一个有趣的知识，大概是这样的：

我们在吃饱20分钟之后，大脑才会收到吃饱的信号。为什么会这样呢？因为这有进化上的好处：我们的祖先不一定每天都能找到食物，所以在有食物的时候，多吃一些更有利于生存。现在，尽管人类已经过了吃了上顿没下顿的阶段了，但是身体依然保留着狩猎和采集时代的许多饮食习惯。所以，如果感觉到饱才停止进食的话，就已经多吃了 20 分钟了！

这个知识点引起了我的注意。如果某个知识点吸引了你的注意力，往往是使用四问学习法的好时候。我下面就针对这个知识点使用一下四问学习法。

第一步：我听到什么？

就这个例子而言，可以用一句话来概括：我们在吃饱 20 分钟之后，大脑才会收到吃饱的信号。

第二步：我想到什么？

这一步是把"听"到的碎片知识背后的那个模式"想"出来。这一步有一个技巧，就是把听到的碎片跟脑子里已有的其他碎片结合起来一起想，会更容易把那个模式想出来。

我当时想到了以前读到的另一个碎片知识：大脑会在我们实际耗尽体力之前就告诉我们体力不支了。我把这两个碎片知识放到一起，想出了背后的模式，即基因的默认设置，是让我们过度占有对生存有利的资源。

第三步：我变成什么？

刚刚提炼出的模式对行动的指导还不明确。我决定把它变成这样一个行动模式：吃到八分饱，我就停下来！

第四步：我用到哪里？

我其实在"变"的时候，已经想清楚"用"到哪里了：用到今后每次吃饭的时候，尤其是跟朋友聚餐的时候——食物很丰盛，容易吃多；而且跟朋友聊着天，会吃得比较久，也容易吃多。

通过这个例子，你可以发现，使用四问学习法来学习，至少有以下三个好处：

- 通过"想"，把模式知识学到手，学得更本质
- 通过"变"，把模式知识变得更好用，学得更灵活
- 通过"用"，联系自己的实际来学习知识，学得更切己

例二：主动走出舒适区

使用四问学习法还有一大好处，就是我们还可以学得很丰富，对一个知识点进行不同的迁移。

还是以例一中的那个知识点为例，我重新使用一次四

问学习法。

第一步：我听到什么？

我在例一中的概括是：我们在吃饱 20 分钟之后，大脑才会收到吃饱的信号。这一句不变。

第二步：我想到什么？

我之前提炼出来的模式是：基因的默认设置，是让我们过度占有对生存有利的资源。这一句，也保持不变。

第三步：我变成什么？

例一中是变成了"吃到八分饱，我就停下来"，因为我想用到个人健康上，所以这么变。但是，如果我想用这个模式来指导个人事业，可以怎么变呢？

我发现，这种过度求生存的事情，不仅体现在吃饭上，也体现在学习和工作上。比如在工作上，往往有"一招鲜，吃遍天"的现象，即过于依赖一些老产品、旧技能，创新不足。

那么，现在我变成这样一句话：主动走出舒适区。

"吃到八分饱，我就停下来"和"主动走出舒适区"，尽管是针对不同问题的解决方案，但是它们背后是同一个模式。

第四步：我用到哪里？

如果我是个企业经营者，就可以把"主动走出舒适区"用到新产品开发上，有的企业就是这么做的，对每年新产品占营业额的比例有要求。

而我不是企业经营者，是个学者，需要联系自己的实际来用。我用到哪里呢？用到我在领导力和学习力的时间分配上。领导力相当于我的舒适区，是我吃遍天的一招鲜，而我需要多分配一些时间给学习力。

用四问学习法学习海底捞

现在回到那个学海底捞发眼镜布的案例。如果使用四问学习法来进行深层迁移，那家餐饮企业可以怎么学习海底捞？

可以学的方式其实很多。我下面用四问学习法进行示范。○

之前的例一和例二，是对同一个知识点进行不同的迁移，不过它们提炼出的模式是相同的。前面讲到，同一个碎片可以体现不同的模式。下面的几个例子，则是对同一

○　本小节可以视为一个"聚焦样本"的案例。

个知识点提炼出不同的模式。

在下面的例子中，对"我听到什么"的概括都是同一句话：海底捞的员工给戴眼镜的就餐顾客发眼镜布。我需要指出，这是不得已而为之。炒菜餐厅的店长去海底捞学习，听到的东西应该很多，他唯独把发眼镜布这一点挑出来，其实不一定对。但是，即使只有这一点，我们也可以从多个角度来学习。

例三：顾客有不便，我就消灭它！

下面这个练习，要点我之前说过了，但是仍然用四问学习法来表述一下，让大家看到四问学习法的过程。

第一步：我听到什么？

海底捞的员工给戴眼镜的就餐顾客发眼镜布。

第二步：我想到什么？

在这一步，最关键是发现对海底捞和你自己都适用的模式。

你可以直接从听到的碎片想模式。海底捞为什么发眼镜布？因为吃火锅有热气，所以眼镜容易起雾，所以需要眼镜布擦眼镜。还因为顾客一般不会随身携带眼镜布，所以顾客会觉得不方便。还因为海底捞想让顾客有良好的体验，所以给顾客免费提供眼镜布。

你还可以联系其他碎片来思考，从碎片和碎片的关系中找到模式。海底捞发眼镜布只是一个碎片，你需要想：海底捞还有哪些做法跟这个做法相似？

最相似的做法，应该是海底捞还给使用手机的顾客提供一个手机袋。吃火锅，汤汤水水多，为了避免弄脏手机，给你一个手机袋。

这两个碎片放在一起，背后的共同模式应该不难发现：让顾客有良好的体验。

如果只想到眼镜布、手机袋这些碎片，那么那个店长有可能觉得自己的餐厅没有经营火锅，不用学；而其他行业的人觉得自己从事的不是餐饮业，更不用学。但是现在提炼出的这个模式，是任何行业都可以学的。

第三步：我变成什么？

上面提炼出的模式，可以变成一个对行动更具指导性的模式：顾客有不便，我就消灭它！

第四步：我用到哪里？

对那家炒菜餐厅来说，要去发现顾客可能感觉到的种种不便，并主动去解决它们，比如我前面提到的一个人不好点菜的问题。当然，这只是一种可能，要应用"顾客有不便，我就消灭它"，还可以有很多可能。

这个例子告诉我们，使用四问学习法既是深层迁移，也是模式化学习。模式化学习的最高境界就是深层迁移。

例四：从全过程服务变为全过程好吃

我认为例三对海底捞的学习，学得还不够深刻。"顾客有不便，我就消灭它"这个模式还不够独特，不能突出这家企业的特色。我能不能发现一个更为独特的模式呢？

我再用一次四问学习法。

第一步：我听到什么？

海底捞的员工给戴眼镜的就餐顾客发眼镜布。

第二步：我想到什么？

我前面说过了，这一步，应该联系其他碎片一起想。我现在联系海底捞在服务上一些更具独特性的做法来想。

海底捞的一个特点是：在顾客等位的时候就开始提供非常好的服务。它重视跟顾客的第一次接触。实际上，它重视跟顾客接触的每一步，从开始到结束。

我认为这是一个比较独特的模式。我把它命名为：全过程服务。

注意，第二步的关键是发现一个既适用于海底捞，也适用于你的模式。全过程服务对于海底捞是成立的，但是，对于那家以炒菜为主营业务的餐饮企业成立吗？

第二步的关键是发现模式，这时候需要忽略一些碎片。刚才提炼出的"全过程服务"中的"服务"其实是可以忽略的碎片。

海底捞"全过程服务"的核心不在于"服务"，而在于"全过程"，真正的模式是"让顾客全过程感受本店的特色"。

第三步：我变成什么？

海底捞的特色是服务，那家餐饮企业的特色是什么呢？它认为是好吃。那么它可不可以把"全过程服务"变成"全过程好吃"呢？不仅是上菜之后让顾客觉得好吃，而且要从顾客一到店门口就让顾客觉得好吃。这有点难——但是，值得做的事情往往都不是容易的。

所以，我变成——全过程好吃，让顾客从到店到离店都感受到好吃！

第四步：我用到哪里？

在"全过程好吃"这个新模式的指导下，可以有很多具体的应用：比如从顾客到店起可以进行厨师展示，可以发放试吃品；用餐完毕，也可以赠送一些特色小吃，让顾客满嘴余香地离店（这家企业后来实践了这里提到的某些做法，不过不一定是在"全过程好吃"这个模式的指导下进行的）……

例五：海底捞突出服务？那我弱化服务！

例四中的深层迁移，如果我不说明过程，你只看结果的话，可能都想不到这是从海底捞学来的。这就是深层迁移的高明之处：我学的不是你的表面做法，而是你的深层模式，而且其他人都不一定能看出来我是在学你。

这样的深层迁移，我们再来一次。

第一步：我听到什么？

海底捞的员工给戴眼镜的就餐顾客发眼镜布。

第二步：我想到什么？

不难想到的是，这是海底捞"突出服务"的一个碎片。那么我们想到的模式就是"突出服务"吗？我们可以想得再深刻一些——海底捞为什么突出服务？

更深刻的原因大概是这样：火锅其实吃来吃去都差不多。海底捞创始人自己就说这是当初选择火锅创业的原因之一：不会做得太差。尽管不会太差，但也很难做得很好，所以海底捞要在服务上进行差异化。

因此，海底捞"突出服务"的深层模式可以这样表述：突出服务，掩盖产品不足。

这个模式适用于海底捞，但是不适用于那家餐饮企业。我们需要再抽象一下，提炼出同时适用于两家企业的模式来。这个模式就是：让顾客的注意力集中到本店的特色上。

第三步：我变成什么？

因为那家餐饮企业认为自己的特色是好吃，所以可以反着学海底捞，把海底捞的模式反过来：弱化服务，突出菜品好吃！

第四步：我用到哪里？

那家企业应该考虑不提供或者减少跟就餐体验不直接相关的服务（比如海底捞的擦鞋服务），让顾客把注意力集中在菜品上。具体减少哪些？这需要它列出一个已有服务清单，审视哪些是非核心服务。

这个例子中，海底捞强化服务的做法，在迁移之后变成了弱化服务，但它们背后其实是同一个模式，这再次体现了深层迁移的威力。

使用四问学习法的四大误区

我在传授四问学习法的过程中，观察到一些经常出现的错误。下面，我主要以一次"实战练习"为例，讲一讲四个常见的误区。

那是 2019 年 4 月 27 日举办的一次工作坊，我辅导一些企业管理者（包括好几位创业企业家）进行一天的学习活动，其中有一次四问学习法的练习。

练习的素材是我说的一段话：

我的小儿子是个高中生，他因为参加信息学奥赛，算得上半个程序员。有一天我读到一句话，很有意思，觉得用来教小儿子非常合适。这句话是：有的人用户界面很糟糕，但是操作系统很强大。

然后我请现场的学员针对刚才听到的内容，运用四问学习法来练习，看自己能学到什么。你不妨停下来，用10分钟练习一下（也就是前面讲过的"事前建构"），然后再往下读。

误区一：听得太单调

这个练习，貌似我已经规定好了"我听到什么"，学员只需要做后面三步。其实不然。

的确，大多数学员的练习，在听这一步只是重复了这句话：有的人用户界面很糟糕，但是操作系统很强大。

但是也有两个学员，他们听到的是：刘澜老师用这句话来教作为半个程序员的小儿子。

这是两个不同层面的"听"。我说了三句话，就可以从两个不同层面来听。那么，一堂课、一本书，可以从多少个层面来听？

听得太单调，这是使用四问学习法的第一个误区。从海底捞学到发眼镜布的那个店长，也是听得太单调。

误区二：想得不深刻

我举两个"想"的例子，出自那次工作坊上两位学员的练习。

一位学员说：第一步，我听到"有的人用户界面很糟糕，但是操作系统很强大"这句话；第二步，我想到了我们公司的一个摄影师，他技术很好，就是不善于跟人打交道。

我告诉这位学员："我想到什么"这一步，关键是想出模式来。你想到了你们公司的一个摄影师，想到的不是一个模式，而是一个应用场景。

另一位学员说，第一步，我听到"刘老师用程序员的语言来教作为半个程序员的小儿子"，第二步，我想到的是"要用对方熟悉的语言跟对方沟通"。

我告诉这位学员：你想到的也不是模式，而是自己该怎么行动。你应该先把模式明确地找出来，然后在模式的基础上，变出自己的行动指南来。

他们共同的误区是想得不深刻，即没有把模式深挖出来。

很多人想得不深刻，可能是被"我想到什么"这个表述误导了，以为随便"想到"一点"什么"，就算完成任务了。其实不是。你不能随便地想，更不能胡乱地想，你要深刻地想，本质地想，把内容背后的模式想出来。

我还观察到，在实际学习的时候，很多学习者往往跳过了"想"这一步（比如那个店长）。如果是在专门练习四问学习法而必须有这一步的场合，学习者往往就会胡思乱想。

即使我提示了这一步的关键是想到模式，很多人也想不出来。根本原因在于模式化学习没有做好。深层迁移是学习力的第五项修炼，它是以第四项修炼"模式化学习"为基础的。

前面讲过，模式化学习先难后易。"后易"是说，一旦你把模式化学习做好了，深层迁移就容易了。但是不要忘记"先难"在前，你要先掌握模式，学会用模式吸收和分析碎片，这是比较难的。

误区三：变得不灵活

第三个误区是变得不灵活，这跟上一个误区有关系。

如果一个人想得不深刻，没有发现模式，那他的迁移就只能是从碎片到碎片的迁移，只能依样画葫芦，不可能灵活。海底捞发眼镜布，那个店长也发眼镜布，就是这种情况。

所以，在一定程度上，变得不灵活是附属于想得不深刻的一个误区。如果你能够想得很深刻，就可以变得很灵活。

误区四：用得太宽泛

我还是以一个学员的练习为例。这个学员是从我跟小儿子如何沟通的层面来学习我那段话的。到了第四步，他对"我用到哪里"的回答是：用到一切人际沟通中。

这就是第四个误区——用得太宽泛。

如果你不能设定一个具体的应用场景，就说明你还没有真正理解你提炼出来的知识。因为真正理解一个知识包括理解这个知识可以具体用到哪些地方。

而且，你设想的应用场景越具体，才越有可能付诸行动。"用到明天跟儿子的谈话中"比"用到一切人际沟通中"更可能让你行动起来。付诸行动不仅能够让你学以致用，还可以让你用以致学：你实际应用之后，可以给你的学习提供有用的反馈。

本节讲的四问学习法的四大误区，每一步各有一个。如果你刚才也做了练习，可以对照一下，看看出现了几个？

例六：我使用四问学习法教小儿子

我说一说我当时是怎么用四问学习法教小儿子的。

第一步：我听到什么？

有的人用户界面很糟糕，但是操作系统很强大。我用自己的语言解释一下，就是有的人不擅长跟人打交道，不过技术能力很强大。

第二步：我想到什么？

我想到人们对情商和人际关系的强调。我还想到管理者三大能力模型。越到高层，概念能力越重要，技术能力越不重要；人际能力一直都很重要。

第三步：我变成什么？

变成两个行动模式。一个是：即使身为技术人员，我也需要提升自己的人际能力。另一个是：遇到用户界面不友好的人，要多关注他的操作系统。

第四步：我用到哪里？

我帮小儿子想了两个应用场景：一个是参加信息学奥赛培训的时候，要多跟其他同学沟通，主动提供力所能及的帮助；另一个是遇到一些不好打交道的人的时候，即使他们的用户界面不友好，也要努力去学习他们的操作系统……

　　在这个例子中，我努力避免了想得不深刻、变得不灵活和用得太宽泛这三个误区。

例七：把摄影师安排在棒球队

　　我再说一说我在工作坊现场对一个学员的指导。

　　前面提到一个学员说，他听到"有的人用户界面很糟糕，但是操作系统很强大"这句话，想到了他们公司的一个摄影师，技术很好，就是不善于跟人打交道。

　　我指出，他想到了一个应用场景，其实是跳到了"用"那一步。在"用"之前，他需要"想"和"变"，这样才可能用得更好。他可以怎么"想"呢？

　　其实就在那个工作坊上，在做这个练习之前，我给他们讲了团队的模式。这个模式很重要，我这里简单讲一讲。

　　团队有三种基本模式：棒球队、橄榄球队和篮球队。

　　棒球队是基本上各司其职的"自主型团队"。销售团队是企业中比较典型的自主型团队。每个人负责一个区域，可以按自己喜欢的方式工作，个人成果加到一起就是团队成果。

橄榄球队是强调一切行动听指挥的"控制型团队"。典型的控制型团队是流水线上的工人班组，每个人必须按规定好的方式工作。他们需要配合，但是必须按规定好的方式配合。橄榄球也称为美式足球，所以我曾经以为它跟足球很像，后来才知道不像。橄榄球更讲究按预定战术执行，也就是讲究控制。橄榄球队更像中国人比较熟悉的龙舟队。

篮球队是强调灵活协作的"合作型团队"。篮球队的配合跟流水线工人的配合不一样，强调的不是按规定好的方式配合，而是灵活应变。

三种团队的模式是理想的。现实中的团队往往是混合型的，比如，组织中许多团队介于橄榄球队和篮球队之间。

我把三种团队模式重新给那位学员讲了一遍，并给他示范，可以像下面这样使用四问学习法。

第一步：我听到什么？

有的人用户界面很糟糕，但是操作系统很强大。解读为：有的人不擅长跟人打交道，不过技术能力很强大。

第二步：我想到什么？

团队有三种。棒球队强调技术能力，人际能力无所谓。但篮球队对人际能力有很高的要求。

第三步：我变成什么？

技术能力很强大、人际能力不太强的员工只能在棒球队工作，不能在篮球队工作。

第四步：我用到哪里？

用到公司的摄影师身上。他工作的团队如果是棒球队，就没问题；如果是篮球队，那我就要把他换到棒球队里（如果不可能，那可能需要换人）。

四问学习法：如何"听"

四问学习法是一个通用的模型，作为其核心内容的四个问题也非常简单，因此不能生搬硬套到每一个具体情境之中，而是需要灵活运用。

下面分别就听、想、变、用这四步介绍一些技巧，你可以加在你的工具箱中，在需要时选用。这些技巧并非完整的清单，更不是放之四海而皆准的标准答案。

先说"听"的一些技巧。

技巧一：注意文本外元信息

所谓元信息，就是关于信息的信息。比如我说："我给你讲一个笑话。"这就是一条元信息，告诉你接下来的信息是一个笑话。

元信息可以简单地分为两种。

一种是文本内元信息：信息发送者有意发送出来、在其文本之内的元信息。"我给你讲一个笑话"就是一条文本内元信息。

另一种是文本外元信息：不在信息发送者有意发送的文本之内的元信息。他嘴里说"我一点都不喜欢她，我只喜欢你一个"，但是你不信，因为你收到了文本外元信息：他的目光有些闪烁，声音缺乏感情。

文本内元信息很重要，但是我首先强调倾听文本外元信息的重要性。

一般说来，有三个问题是比较重要的文本外元信息：

● 谁说的？

● 对谁说的？

● 在什么情况（场合）下说的？

　　同样的一段话（也就是文本内各种信息都一样），是科学家爱因斯坦说的，还是作家博尔赫斯说的，是不一样的；是作者对大众的公开演讲，还是对其小儿子的私下教导，是不一样的；是为获得报酬而说的话（比如广告代言），还是写在日记里的私密感悟，是不一样的。

　　"谁说的"这个问题还可以细化为更具体的问题，我先举出比较重要的三个：

- 他有说假话的动机吗？
- 他有说真话的能力吗？
- 他说的话，只对他成立吗？

　　比如，如果一个经济学家说经济学是所有学科中最重要的，你基本上不用相信他。因为，第一，作为经济学家，他有为了自我夸耀而说假话的动机。第二，他就算想要客观评论，很可能也没有说真话的能力。因为他用来测量线段长度（经济学的重要性）的不是尺子，而是另一条线段（经济学的思维方式）。

　　前面谈到过爱因斯坦的一句名言：想象力比知识更重要。我们姑且认为爱因斯坦没有说假话的动机，也有说真话的能力，但是他说的这句话，很可能只对他（以及他这样的人）成立：他已经有了很多知识，所以强调想象力。

技巧二：移情倾听

移情倾听这个技巧其实是上一个技巧的延伸。上一个技巧要求问：谁说的？对谁说的？在什么情况下说的？移情倾听就是非常具体地回答这些问题。

思想家伯林说：移情是"设身处地进入思想家们的世界观"——

在研究马克思的时候，我力图使自己像马克思本人在柏林、在巴黎、在布鲁塞尔和在伦敦那样，思考他的各种概念、范畴及其德语词汇。我研究维柯、赫尔德、赫尔岑、托尔斯泰、索雷尔及其他任何人，都是这样。他们的思想是怎样产生的？在什么特定的时间、地点、社会条件下产生的？他们的思想可能很多人都有同感，但毕竟那是属于他们自己的。你必须不断反问自己，是什么东西让他们烦恼？什么东西使他们对这些问题苦苦思索？他们的理论或著作是怎样在他们头脑中成熟的？[2]

　　尽管大多数时候我们不需要这么专业地"听"，但适当移情还是普遍管用的。比如上司说："你对我有什么意见？欢迎提出来。"这时候你就该移情倾听：是什么原因让他这么说？他期待的结果是什么？……

　　移情倾听从字面上讲，就是站在说话者的角度去倾听。这种倾听，要求你不仅要听到说出来的话，而且要听到这些话说出来的背景和过程是怎样的，这样才能够充分理解对方的言内之意以及言外之意。

　　伯林主要强调站在作者的角度去倾听，其实这还不够。就好像读小说，我们不能只站在作者的角度去倾听，还需要设身处地站在小说中各个人物的立场，去倾听他们。这是全方位的移情倾听。

　　比如，你的下属对你抱怨另一个下属的工作。你不仅要站在这个下属的立场上倾听，还需要站在被他抱怨的那个下属的立场上倾听（这也是在倾听文本外元信息）。

　　芒格在一次讲演中，提倡和"已逝的伟人"交朋友：

　　我本人是个传记书迷。我觉得你要是想让人们认识有用的伟大概念，最好将这些概念和提出它们的伟人的生活和个性联系起来。我想你要是能够和亚当·斯密交朋友，那你的经济学肯定可以学得更好。和"已逝的伟人"交朋友，这听起来很好玩，但如果你确实在生活中与已逝的伟人成为朋友，那么我认为你会过上更好的生活，得到更好的教育。这种方法比简单地给出一些基本概念好得多。

芒格的中心思想跟伯林是一样的：理解伟人的生活可以让你更好地理解他们的思想。不过，我觉得还可以从两个层面去理解芒格的话：第一，交朋友这个想法会推动你把自己跟伟人更密切地联系起来，会促进你更好地去想、变、用；第二，交朋友这个想法会鼓舞你向他们看齐。所以，这种形式的移情倾听既提供了学习六要素中的方法，也提供了目标和动力。

小结一下，我刚刚讲了三种移情倾听：从作者的角度听，从涉及的各个人物的角度听，从自己与对方关系的角度听。

技巧三：反成见倾听

反成见倾听这个技巧是前两个技巧的延伸。

我们对自己喜欢、佩服的人，更愿意移情倾听，而对自己讨厌、轻视的人说的话，往往就置之不理，或者急于批驳。信息接收者是选择性注意、选择性倾听的，这已经是心理学上的常识。我们的先入之见——也就是成见——妨碍了我们客观倾听。

只有反成见倾听，才可能做到任正非所说的：

坚持向一切先进的学习，包括向自己不喜欢的人学习。○

反成见倾听具体可以这样做：倾听一个自己有正面成见的人说话的时候，有意识地问自己：如果他错了，可能错在哪里？倾听一个自己有负面成见的人说话的时候，有意识地问自己：如果他对了，可能对在哪里？

反成见倾听这个技巧可以这样扩展——你读到一篇精彩的文章时，有意识地问自己：如果从这篇文章中找瑕疵，我能找到什么？

反过来，当你不得不读一篇很糟糕的文章，或者不得不参加一个很糟糕的讲座，或者不得不学一门必修课而老师讲得很糟糕时，有意识地问自己：其实这里面也有精彩之处值得我学习，那是什么？

○　来自华为内部资料：任正非于 2020 年 11 月 25 日在荣耀送别会上的讲话。

刚才讲到的两种扩展方式，前者可以称为"鸡蛋里挑骨头"，后者可以称为"糟粕里寻精华"。面对同一个文本，可以同时使用这两种扩展方式。[⊖]如果比较这两种扩展的重要性，也许后者比前者更重要。

一位犹太智者说过：

不要从别人的错误中学习。看看别人是怎么做对的。[3]

我们很容易快速下结论，认为别人说错了，从而轻易放弃了一个学习机会。关注别人对在哪里，比关注别人错在哪里，更有利于自己学习。

技巧四：注意文本内元信息

文本内元信息可以分为两种：文前文后元信息和字里行间元信息。一本书的前言、后记、目录、作者介绍等就是文前文后元信息，它们提供了关于该书的重要信息，应该先读（是的，后记应该先读）。

字里行间还有许多元信息，我这里强调三种：

- 数字元信息

⊖ 这其实就是我为参考答案思维方式提供的口诀。

- 举例元信息

- 逻辑关系元信息

"原因有三点"是一条数字元信息，提醒你注意下面会有三条相关信息。

"我举一个例子"是一条举例元信息，它不仅提醒你下面会出现一个例子，而且提醒你刚刚出现了一个规律（所以才会有例子）。

逻辑关系元信息主要是指那些表示逻辑关系的连词，"不仅……而且……""因为……所以……""尽管……但是……"等都是非常重要的元信息。

技巧五：诠释学的四个问题

学者傅佩荣介绍的诠释学的四个阅读步骤，也是四个问题。[4]

第一个问题是：文本究竟说了什么？问这个问题是要搞清楚，你读到的内容，字面意思是什么。

第二个问题是：文本想要说什么？这个问题是让你搞清楚，在字面意思背后，文本真正想要传递的意思是什么，也就是作者的本意是什么。

第三个问题是：文本能够说什么？这个问题让你抛开作者的本意，自己展开想象的翅膀，看从文本之中可以理解出哪些意思来。

第四个问题是：文本应该说什么？前面三个问题，让你对文本产生了各种各样的理解。第四个问题是让你选择，在这些理解当中，你最后选择哪一个呢？

诠释学的四个问题，本来是用来读书的，但是我们用到其他的学习场景中同样成立。

前面提到过一句话：我们要砍掉基层的脑袋、中层的屁股、高层的手脚。我们现在用诠释学的四个问题来读一读这句话。

第一个问题：文本究竟说了什么？这个问题很容易回答，就是这句话的全文。

第二个问题：文本想要说什么？我们现在也知道答案了，比如，砍掉中层的屁股，想说的是不要本位主义。

第三个问题：文本能够说什么？这个问题问的是，对文本可以有什么不同的理解。对于砍掉中层的屁股的这一点，就还可以理解为干部要能上能下或者要走动式管理等。

最后是诠释学的第四个问题：文本应该说什么？我前面讲过了，我认为，砍掉中层的屁股这一点理解为要走动式管理更好。这么理解，可以让那句话最好地发挥作用。

诠释学的这四个问题，尤其是其中第三个问题，可以帮助你克服听得太单调的误区。

技巧六：像"小偷"一样听

前面几种听的技巧，用起来都挺累。其实，很多时候我们不用听得那么清楚，只需要听到一点有用的就够了。这就是"小偷"的方法。

之前介绍过"小偷"式学习法，这种方法好比小偷潜入一个房间，不需要把这个房间里有哪些东西搞得很清楚，而是只需要快速找到那些价值高、容易携带而且容易变现的东西，拿上之后立即离开。

前面介绍的几个技巧基本上是以对方为主的"听"。这个技巧以及下一个技巧，则是以自己为主的"听"。

技巧七：像九方皋一样听

前面介绍过九方皋式学习法。九方皋式学习法和"小偷"式学习法都是目标聚焦型的学习方法，区别是前者的学习对象聚焦，后者的学习对象发散。

因此，两者在目标聚焦上程度不同。九方皋更聚焦，要的东西很明确，只要千里马。小偷要的东西范围更大，只有个大致的标准。

比如，以前我读企业家的传记，会留意其中对我有启发的许多要点，这是"小偷"式学习。我在写这本书的时候去读企业家传记，就会专注于企业家是如何学习的，这就是九方皋式学习。

四问学习法：如何"想"

在"想"这一步，我们需要沿着抽象阶梯的不同方向去想。此外，可以从三个新角度去想。

我先介绍一下抽象阶梯的概念。语言学家早川用下面这个例子来说明抽象阶梯：

最底层是一只活生生的母牛，我们的感官能够感知到它，但是感知到的也已经是删节、抽象后的信息；再往上一层是我们给母牛取的名字"阿花"，更多的关于这头母牛的信息消失了；再往上一层是"母牛"这个名词；再往上一层是"家畜"；再往上一层是"农庄财产"；再往一层是"资产"；最高的抽象阶层是"财富"。

知识总是抽象的，只不过有些知识比另一些知识更加抽象。越往上，越抽象，这就是一个抽象阶梯。怎么把模式想出来？可以沿着抽象阶梯的不同方向去想。

技巧一：向上归类

沿着抽象阶梯向上，就是想的第一个技巧：归类。归类就是把碎片归到模式之中，一个碎片可以归入多个模式。

比如，你听到海底捞发眼镜布，这是个在抽象阶梯上很靠下的知识。你可以沿着抽象阶梯向上，寻找可以将它归入的类别。

你可以像例三一样，把它归入"让顾客有良好的体验"这个类别；还可以像例四和例五那样，分别把它归入"全过程服务"和"突出服务"的类别中，然后继续沿着抽象阶梯向上，把它归入更为抽象的类别。

技巧二：向下分类

沿着抽象阶梯向下，就是想的第二个技巧：分类。如果听到的知识已经在抽象阶梯的较高位置上，你可以向下想。

比如你听到：一本书至少要读两遍。你可以先用一个听的技巧，问：如果这个观点错了，错在哪里？

然后你想：不是所有的书都需要这样吧？我是不是可以把书分为两类（或者更多），其中一类是需要重读的……所以在"想"这一步，经常可以用到洞见分类。

技巧三：类比

沿着抽象阶梯水平地想，就是"想"的第三个技巧：类比。

类比就是把通常不被认为是一类的两个事物放在一起，作为一类去想。这有助于你去探索如何把某一个事物的知识应用到另一个事物上，或者去发现这两个事物到底共享了什么模式。尽管这样想可能徒劳无功，还可能想偏，但也可能加深理解，甚至带来创造性的灵感。

比如，我读到过神话学家坎贝尔这样一段话：

这是基本的神话学问题：进入那片土地，找到其中的神圣性。然后你自然会与这片土地的美丽自然相匹配。这是最初的根本性适应。现在如果像我们的传统所认为的那样，如果你认为大自然是腐坏的（大自然中的某些事物应该不会腐坏），那么你就无法使自己与大自然和谐相处。相反，如果你总会思考对与错、善与恶、"魔鬼"与"上帝"，当你站在道德立场时，顺从大自然就变得很困难。

这段话在讲神话，但是我想到了职场。人们在新入职一家企业时往往要经历一段适应期。如何更好地适应呢？这段话中的"找到其中的神圣性"就是一个参考答案。

不要只关注那些不完美的地方，而是找到其神圣性，比如每家企业都在努力满足某种社会需求。你还可以找到其他层面的神圣性。你应该主要看神圣的地方，这是最本质的地方，而不要让一些枯枝烂叶蒙蔽了双眼。

刚才的例子是用陌生的事物（神话）来启发我们思考熟悉的事物（职场），而更常见的情形是用熟悉的事物来帮助我们理解陌生的事物。这种帮助可能只是一个点，但也可能是系统性的：熟悉的事物可以提供一个结构和模式，让我们用来理解陌生的事物。

这也是在应用学习力第一公式：

学习 = 我知道 + 我不知道

比如，我经常用这样一对类比：领导力像爱情，领导职位像婚姻。相对领导力来说，爱情与婚姻可能是许多人更熟悉的事物。这对类比把爱情和婚姻的结构和模式投射到领导力上，加深了我对领导力的理解：

- 爱情不等于婚姻——领导力不等于领导职位
- 没有爱情的婚姻是不道德的——没有领导力的领导职位是不道德的
- 没有婚姻的爱情是不完美的——没有领导职位的领导力是不完美的
- 婚姻可能是爱情的坟墓——领导职位可能是领导力的阻碍

类比是一种重要的思维方式。任正非就喜欢类比，他本来是个工程师，经常用自己熟悉的物理学类比企业管理；他曾经是个军人，也经常使用战争来类比商业竞争。

芒格也喜欢类比。芒格说，他认为投资者可以从工程学的"冗余思维模型"中获益。工程师设计桥梁时，会给它一个后备支撑系统以及额外的保护性力量，以防倒塌——投资策略也应该如此。这是在工程和投资之间进行类比。

技巧四：延伸

还有另外一种"想"的技巧，同样是水平方向上沿着抽象阶梯想，我称之为延伸。

类比其实是在水平方向上进行跳跃，从一类事物跳到了另一类事物。相比之下，延伸则没有这种突然的跳跃，而是在水平方向上进行稳扎稳打的逻辑推理。

比如，你读到这样一个研究成果：所谓的男生比女生数学成绩好，其实只是权力关系的体现，在男女更为平等的国家，并没有这样的成绩差异；权力差异带来了成绩差异。

我们可以向前延伸：如果这是结果，那么原因是什么？用到这个例子上，可以是：权力差异是什么带来的？

我们可以向后延伸：如果这是原因，那么结果是什么？用到这个例子上，可以是：如果权力差异带来成绩差异，那么成绩差异会带来什么？

技巧五：跳出去想

前面讲到的四种技巧，都是从听到的知识本身出发去想。我们还可以跳出听到的知识本身去想。

跳出知识本身，可以从三个新角度去想：

- 其他的碎片
- 自己的问题
- 已有的模式

我用之前讲到的那个店长来举例。他可以怎样跳出海底捞发眼镜布本身去想呢？

第一个角度是其他的碎片。一个模式，一般不会只体现在一个碎片之中。所以，他需要去想：海底捞还有什么其他不错的做法？这就是我说的其他的碎片。然后他再想，把这些碎片放在一起看，背后的那个模式是什么？从一个碎片中发现模式比较难，从一堆碎片中发现模式就要容易得多。

　　第二个角度是自己的问题。一般说来，你能注意到某一个碎片知识，很可能是它让你有所感触，让你想到了自己面对的某个问题。所以，那个店长可以去想：海底捞的这个做法，让我想到了自己的什么问题？然后他再去想，海底捞的这个做法，和自己那个问题背后共同的模式是什么？

　　第三个角度是已有的模式。他可以把"海底捞这个做法体现了什么模式"先放下不管，而是直接问自己：关于顾客服务，我已经知道了什么模式？关于如何管理一家餐饮店，我已经知道了什么模式？关于企业经营，我已经知道了哪些模式？然后再问自己：这些模式，哪一个在这里适用？

四问学习法：如何"变"

　　"变"是把想出来的模式进行改造，可以只是小的调整，也可以是大的改变，涉及的技巧很多。

技巧一：动词化

　　"变"的第一个技巧是动词化。如果在第二步想出来的模式不是一个行动模式，那么可以在第三步把它变成一个行动模式，这就是动词化。

比如在例一和例二中，我在第二步想出来的模式是：基因的默认设置，是让我们过度占有对生存有利的资源。我在第三步变出来的分别是：吃到八分饱，我就停下来；主动走出舒适区。这就是动词化。

动词化是一个"小变"的技巧。但是，动词化是一个重要的"人生技巧"，我这里多说几句。

计算机科学家、第一届图灵奖得主艾伦·佩利说：

所有的名词都可以变成动词。

比如，你的目标不应该是做一个有思想的人。思想是一个名词，你可以通过东抄西抄、死记硬背来占有思想。你的目标应该是做一个会思考的人。思考是一个动词。把"思想"变成"思考"，你的人生会大有不同。

其实，不仅是名词可以变成动词，形容词也可以变成动词。比如，快乐看似是一个形容词，而古代哲学家爱比克泰德指出，它其实是一个动词：

真正的快乐是一个动词。真正的快乐乃是充满活力持续进行的可敬行动。欣欣向荣的人生——其基础为品德高尚的意图——是我们持续不断即兴表演的某种东西，做到这一点，我们就在精神上成熟了。我们的人生对我们自己对我们所接触的人是有助益的。[5]

如果把快乐当作形容词，那么快乐就是某种来源神秘，因此自己难以改变的状态。

如果把快乐当作名词，那么快乐就是自己可以拥有，也有可能被剥夺的某种事物。

把快乐作为动词，就是说真正的快乐在于自己的行动，是自己可以去创造、去改变的。

卓有成效的学习者学习"成人"的过程，就是把人生动词化的过程。

技巧二：放大

"变"的第二个技巧是放大：把一个模式向上抽象化，变成一个更为广泛的模式。

比如，"老师应该多赞扬学生"这个模式可以放大为"老师应该多给学生反馈"，这是把赞扬放大为反馈；也可以放大为"权威关系中的权威方应该多赞扬非权威方"，这是把师生关系放大为权威关系。

技巧三：缩小

"变"的第三个技巧是缩小：把一个模式向下具象化，变成一个更为具体的模式。

比如，"老师应该多赞扬学生"这个模式可以缩小为"老师应该多在课堂上当众赞扬学生"。

技巧四：移植

"变"的第四个技巧是移植：把一个模式从一个领域移植到另一个领域。

比如，"老师应该多赞扬学生"这个模式可以移植到上下级关系中，变为"上级应该多赞扬下级"，或者移植到亲子关系中，变为"家长应该多赞扬孩子"。

移植也可以理解为先放大再缩小的结果。刚才讲的从师生关系到上下级关系和亲子关系的移植，也可以理解为先把师生关系放大为权威关系，然后再缩小为某种具体的权威关系。

例四从全流程服务变为全流程好吃，可以说是移植——从服务领域移植到了产品领域。但是也可以这么理解：先把全流程服务放大到一个包括服务和产品在内的模式，然后再缩小为一个只包括产品的模式。

技巧五：补充

"变"的第五个技巧是补充：补充原模式中省略掉的，但是可以从原模式合理推导出的部分。

广义的补充包括了前面所说的动词化，因为把名词变成动词就是在原模式基础上的合理推导。

狭义的补充主要指在逻辑关系上的补充，比如有了结果，补充原因，或者有了原因，补充结果。

你可能发现了，放大、缩小、移植和（狭义的）补充跟"想"的前四个技巧是一一对应的。这既说明"想"与"变"使用的技巧很相似，也说明这两步是交织在一起的，难以截然分开。

技巧六：增加

"变"的第六个技巧是增加：增加原模式的要素、层次等。

比如，某个企业把员工分为 A、B、C 三类。可以变为把员工分为 A、B、C、D 四类。这就是增加。

技巧七：减少

"变"的第七个技巧是减少：减少原模式的要素、层次等。

增加和减少往往也可以视为先放大再缩小的结果。比如刚才的例子，也是将"把员工分为 A、B、C 三类"先放大到"把员工分类"，然后再缩小到"把员工分为 A、B、C、D 四类"。

技巧八：颠倒

"变"的第八个技巧是颠倒：对原模式进行反向操作。

例五就用到了颠倒，对海底捞的"突出服务"进行反向操作，变为"弱化服务"。

颠倒就是第二章讲的"反过来想"。反过来想的多种方式，在"变"的时候都可以用到。

技巧九：改变逻辑关系

"变"的第九个技巧是改变原模式中的逻辑关系。

比如，对领导力的重视往往建立在一个因果关系的假设之上：因为有优秀的领导者，所以企业走向成功；因为有糟糕的领导者，所以企业走向失败。

这个因果关系一定成立吗？当然不一定。

我们可以把"因为……所以……"的逻辑关系变为"尽管……仍然……"的逻辑关系：尽管领导者领导得不怎么样，企业仍然走向了成功；尽管领导者领导得很好，企业仍然走向了失败。

这个改变后的逻辑关系当然不一定正确，但其中包含的真理成分也许和改变前的逻辑关系一样多。而且，它对我们的行动可能更有启发意义：怎样建立一个企业——即使是糟糕的领导者在位，它也可以避免失败？

我们还可以这样改变因果关系——把原模式中的因果关系颠倒过来（这也可以归为颠倒）：因为企业业绩好，所以我们认为领导者领导得好；因为企业业绩差，所以我们认为领导者领导得差。这个改变后的逻辑关系可能比原模式更加成立。

改变逻辑关系可以作为一种强有力的思维训练工具。比如，面对一个下属，你可能本来是这么想的：虽然他业绩很差，但是我还是再给他一次机会。其实，你可以用下面两种方式改变逻辑关系去思考：因为我给他的机会不够，所以他业绩很差；因为他业绩很差，所以我应该再给他一次机会。你现在是不是把问题（和解决方案）看得更清楚了呢？

我平时读书的时候，一般不会对自己说：我现在自己要用一下"改变逻辑关系"或者"颠倒"等技巧。但是，我常常有意识地对自己说：现在重新造个句看一看是否成立。而我的"造句"，会用到这里讲的改变逻辑关系，还有之前讲的放大、缩小、颠倒、移植等。我不仅在"变"这一步使用，而且在"想"这一步也常常使用——我发现"造句"这个技巧能够帮助我想出模式。

技巧十：杂交

"变"的第十个技巧是杂交：在两个模式的基础上组合出一个新的模式。

之前讲的技巧都是在一个模式的基础上变，而杂交是同时在两个模式的基础上变。

有人说，创意就是旧要素的新组合。这句话说明，很多新事物都是杂交而来的。比如现在的手机，就是电话、照相机、笔记本、钱包等众多旧事物杂交而来的。

例八："永生永世不谈不切己的问题"

我再举一个四问学习法的例子，给大家展示一下"变"是如何实际发生的。

学者张文江的《古典学术讲要》[6]的第一部分是讲解《礼记》中的《学记》。《学记》中有这样一段话：

善问者如攻坚木，先其易者，后其节目，及其久也，相说以解。

这段话说的是，善于提问题的人先从容易的地方开始，先易后难，最后就把难题攻克了。这段话让我想到了学习力第一公式：

学习 = 我知道 + 我不知道

"我知道"得多的就是容易的地方。学习先从这里开始，用"我知道"去学习"我不知道"。然后"我知道"得更多了，以前难的问题就变得容易了，也就更容易学习了。

张文江说，"所谓'易'，就是跟你有关系的，从你接触的生活中而来"。一般我们会认为，"易"是简单。他说"易"是跟你有关系。这两个理解，有交叉，但是强调的重点不一样。

张文江接着强调说：永生永世不谈不切己的问题。

我很赞同这句话。但是我觉得这句话还没有完全说到位。这句话只说了不做什么，没有说要做什么。

我打算把这句话变成：

不管谈什么问题，都跟自己联系起来。

这个"变"，可以说用了颠倒的技巧。张文江说不做什么，我反过来说要做什么。

这个"变"也可以说用了动词化的技巧。这样说是把动词化的原义延伸了，但是符合其本质。动词化的原义是把其他词变成动词，也就是把非行动模式变成行动模式。延伸后的动词化强调要变得对行动更具指导意义。张文江的那句话也是行动模式，但过于消极了，对行动的指导意义不够强。

但是，如果把我刚才那个"变"的例子用四问学习法补充完整，会发现用的是另一个"变"的技巧。

完整的四问学习法的过程如下。

第一步：我听到什么？

永生永世不谈不切己的问题。

第二步：我想到什么？

这句话背后是一个模式：学以致用。这里用到的是向上归类的"想"的技巧。

第三步：我变成什么？

不管谈什么问题，都跟自己联系起来。

第四步：我用到哪里？

我为自己设定了两个应用场景。一个是在指导别人学习时，如果对方开始谈论"天文学"，要把对方拉回到地面上。另一个是当觉得某件事跟自己没有关系时（比如谁当美国总统），逼着自己做一个找到联系的练习：这件事一定跟自己有联系——现在把这个联系找出来！

在这个四问学习法的完整过程里，从"想"到"变"使用的技巧是缩小。而在实际发生的学习过程中，我跳过了想，直接从"听"到"变"，使用的技巧是动词化与颠倒。

我把实际发生的过程（自动化学习的过程）与补充完整的四问学习法过程（刻意练习的过程）进行比较，想要强调的是：有时，没必要纠结于到底用什么技巧。如果你本能地知道该怎么做，做就好了。

不过，即使你本能地知道该怎么做，停下来思考一下也可能有好处。比如，我把刚才那个例子用四问学习法补充完整后，思考变得更清晰、更深刻，而补充的两个应用场景则让这次学习更可能落地。

例九：情商太高可能阻碍你成功

我再举一个四问学习法的例子。

我读到一段哲学家尼采的语录：

一个人如果对事业（科学、民族利益、文化兴趣、艺术）有热情，对人的热情相应就会少些（尤其是他们代表这些事业的时候，就像政治家、哲学家和艺术家代表他们的创造物一样）。

第一步：我听到什么？

我听到尼采说：对事业有热情，对人的热情相应就会少些。这个结论的理由之一是数量。热情就那么多，分配给事的多了，分配给人的就少了。

这里可以质疑一下：这个逻辑有个假设，就是热情的量是固定的，而热情的量一定是固定的吗？

这个结论的理由之二（更重要的理由）是认同。一个人对自己的事业越认同，就越把事业等同于自己的身份。他通过事业来认同自己，因此不太需要其他人的认同。

你要注意，这两个理由在原文中没有说得那么明确，是我"诠释"出来的。

第二步：我想到什么？

我稍稍在"身份"（也就是认同）这个方向上想了想。我在这个方向上没有走远，停下来开始往另一个方向想——人际关系对管理者的重要性。

我想到管理者三大能力模型。这个模型认为：人际关系对管理者来说一直比较重要。事实上，模型提出者卡茨还指出：从基层到高层，人际能力的重要性略有下降。

卡茨指出的这一点跟很多人的直觉相反。国外有本管理学教材可能就是因为这个原因，竟然把这个部分写反了。

我还想到达利欧的一个发现：他所敬仰的那些领导者（他称之为"塑造者"），在自我评估的时候都在同一项——顾及他人——上给自己打了低分。

我还想到任正非在创办华为好多年之后，有人问他这些年有什么感悟。他说：我发现人际关系还是很重要的。

我还想到一个学术研究，结论大体是这样：要想从基层管理者升到中高层，情商比较重要，否则你升不上去；但是在企业最高层，如果情商太高，反而会影响你的业绩。

第三步：我变成什么？

我多想了一会儿任正非。任正非已经把企业做很大了，才意识到人际关系的重要性。这说明创始人即使情商不高也能成功。实际上，这里也许要改变逻辑关系：因为情商不高，所以只能做创始人。

在一般的大企业里，因为情商不高，任正非是升不上去的，只能做到中层，最多中高层。所以像任正非这样的人只能做创始人，只能当老板，让情商高的人来帮自己。任正非创办华为能够成功，他一定有这样的帮手。

任正非创业前是个失败的经理人，因为情商不够高；而创业很成功，可以说也是因为情商不够高。华为之所以成功，跟任正非不太顾及他人是有因果关系的。这里又有一个逻辑关系的改变：不是说任正非即使不顾及他人也取得了成功，而是说任正非因为不顾及他人才取得了成功。

最后，我"变"成这样两个原则：成小事，情商不能太低；成大事，情商不能太高。

或者这样表述：有时候，阻碍你成功的是你的情商不够高；有时候，阻碍你成功的是你的情商太高。

第四步：我用到哪里？

我用到辅导管理者的情境中，区分到底是情商低还是情商高阻碍了其成功。有些人，可能只有创业才能成功。

我也用到自己身上。这就不用区分了：我一定是情商太低，需要提升情商。

这个例子放在"变"的技巧这一部分讲，主要想强调："听"是听到别人的知识（"我不知道"），"想"是想到自己的已有知识（"我知道"），"变"则是在前两者的基础上，创造一个自己的新知识。

这里的关键词不仅是"创造"，更是"自己"。我强调一下，"自己"有两层意思。

第一，在"变"这一步，你不是说创造了人类历史上没有过的知识，而是创造了对"自己"来说之前没有的知识。比如我在这个例子中变出来的两个原则，是我之前没有（至少是没有明确拥有）的知识。

第二，你变出来的知识，是跟"自己"的人生课题实际相关的，可以指导自己的实践。所以"变"的下一步一定是"用"。

四问学习法：如何"用"

我介绍三个"用"的技巧，其中最重要的是第一个：执行意图。

技巧一：执行意图

前面讲了，"用"的主要误区是用得太宽泛，导致最后并没有真正应用。怎么办？我们可以使用执行意图这一技巧。

执行意图以"如果……就……"的结构组成，"如果"

部分明确一个具体的场景，"就"部分则明确在这个场景中的行动。例八的四问学习法练习，在"用"的部分的两个应用场景都可以说使用了执行意图的技巧。

执行意图是心理学家彼得·戈尔维策为了解决很多人做了计划却不行动的问题而提出的心理技巧。[○]比如，很多人想要减肥，但是看见美食还是忍不住。戈尔维策提出，你事先应该用"如果……就……"的方式，明确你遇到执行障碍时该怎么做：如果有人邀请我吃夜宵，我就拒绝；如果我想吃冰激凌，我就去跑步机上跑步。

这种技巧不仅可以用在克服障碍上，而且可以用在提示行动上。比如，如果闹钟响了，我就起床。

如果你要回答"我用到哪里"这个问题，就用执行意图来明确应用场景（注意，这句话本身就是一个执行意图）。这样可以促使你把学到的知识转化为行动。

比如，你学到了一个绩效考核的模式，与其说"用到我的工作中"，不如说"如果我在这个季度末给员工做绩效考核，就用这个模式"。

○ 关于执行意图，可以参见戈尔维策妻子的著作：厄廷根. WOOP 思维心理学［M］. 吴果锦，译. 北京：中国友谊出版公司，2015.

执行意图帮助你明确一个具体的应用场景，而且就设定在不远的将来。这是执行意图的本质。如果你能把握住这个本质，也不一定非要用"如果……就……"的结构。比如刚才那个执行意图也可以表达为"用在我本季度末对员工进行绩效考核的时候"。

如果你只记住一个"用"的技巧，就记住执行意图。[⊖]执行意图是最重要的"用"的技巧，其"如果……就……"结构有两大好处：第一，符合大脑特点；第二，帮助形成习惯。

先说第一点。进化心理学家认为，我们进化出来的思考方式是模块化思考。简单地说，就是我们没有解决所有问题的一般性原则，而是分别在各个模块（比如打猎、求偶……）上形成了解决问题的原则，也就是"如果……就……"的思考方式：如果看见老虎，我就跑；如果看见美女，我就去搭讪……

再说第二点。行为主义心理学认为所谓的习惯由这样三个要素组成：线索、行动、回报。比如"饭后百步走"

⊖ 这句话尽管也是"如果……就……"的结构，但不是一个执行意图。你要学会区分哪些"如果……就……"是一个执行意图，哪些不是。

的习惯，就是"如果吃完饭，我就走一走，然后会觉得很舒服"。线索就是"如果"，行动就是"就"。使用"如果……就……"的思考方式，可以有意识地帮助我们形成习惯。

技巧二：预定反思

避免用得太宽泛的误区，还可以使用预定反思的技巧。

预定反思可以配合执行意图使用。执行意图是明确一个使用的时间，预定反思则是预定一个时间（当然是在执行意图之后）来反思自己使用得怎么样。

比如，就之前举的绩效考核那个执行意图的例子来说，我们同时可以预定反思：在本季度末对所有员工进行绩效考核后的一周内，对考核效果进行反思。如果效果不理想，就重新进入四问学习法的循环（这又是一个执行意图）。

显然，执行意图和预定反思相配合，可以在很大程度上促进我们不仅学，而且习，把知识转化为行动。

技巧三：教导他人

大量研究发现，教可以促进学。伯泽尔的这段话说明了主要原因：

作为一种学习方法，教别人需要一些元认知。为了解释清楚一个内容，我们需要想象一下指导对象的理解过程。换句话说，当教别人的时候，我们要问自己一系列问题：解释这个概念最好的方法是什么？他们会怎么理解这个观念？最重要的结论是什么？这些问题会强化教导者自身的学习，因为教导者自己必须对这个事情有充分的理解。想做到教别人，自己就需要对讲授内容有更全面的理解。另外，为了利用这种学习方法，我们也不一定非要真的去指导别人。[7]

我在前面讨论互动学习时分析过教导他人对学习的作用，并指出教导他人可以处在学习的不同层次上。上面这段话所讲的教导他人，基本上做到了单人互动，处在比较高的学习层次上。

坎贝尔把自己作品产生的影响力（比如对好莱坞电影的巨大影响）归功于自己长期在一所女子学院教神话学。他说，这些女学生不关心抽象的神话学，而是关心："这些内容对生活有什么意义？它们对我有什么意义？"这反过来推动了坎贝尔的学习。

但是，我这里想要强调的不是教促进"学"，而是教促进"习"，也就是"用"。

教导他人可以从三个方面促进你"用"。

首先，教导他人让你把知识——包括知识的应用场景——掌握得很好。这是认知上的好处，让你更有能力"用"。

其次，教导他人会产生自我承诺效应，因为想要使自己的行动跟言语保持一致，这让你在情感上更想"用"。

最后，教导他人会带来他人的监督。"你这么教我们，你是怎么做的呢？"这种监督可能是无形的（这会增强自我承诺效应），也可能是有形的，让你不得不"用"。

刚刚讲到的三个好处，分别在认知（Head）、情感（Heart）和行动（Hands）三个方面起作用。这三个方面共同组成了对学习也很重要的3H模型。

前面引用的那段话说，使用教导他人这个技巧，不一定真的要去教别人。在脑子中进行假想练习即可。但是这样做，效果一定不如真的去教别人好。

需要注意的是，刚刚讲的"用"的三个技巧只是促进你使用，并不能代替你去实际使用。它们是帮助你过河的筏，并不是过河本身。

如果你只是在脑子里练习四问学习法，在"用"这一步也按照执行意图做了计划，但就是不实际执行；如果你只是一直在教导他人如何使用四问学习法，但只是在"听想变教"而不是"听想变用"……如果这样，你就是把筏扛在了肩头，对周围人炫耀说："你看，这只筏多漂亮！我给你讲讲它的做工有多么好……"

你应该把筏放到水中，然后努力向对岸划去。

深层迁移的口诀

有些本来很美的词语，在时间的消磨中，变得平庸起来。其实不是它们本身变平庸了，而是被我们用平庸了。

"学习"就是这样。我们需要回归"学习"这个概念。

学习力的五项修炼都可以从学习这个概念推演出来，而最容易推演出来的修炼，就是深层迁移。

学和习本来是紧密联系在一起的。然而，现实是学和习之间的距离越来越远。

波兹曼指出：

不管是在口头文化还是在印刷术文化中，信息的重要性都在于它可能促成某种行动。

然而电子媒介的出现改变了这一点——

但我们生活中的大多数新闻都是不起作用的，至多是为我们提供一点儿谈资，却不能引导我们采取有益的行动。这正是电报的传统：通过生产大量无关的信息，它完全改变了我们所称的"信息－行动比"。[8]

波兹曼所说的"信息－行动比"，可以用四问学习法的术语改写为"听用比"：你听到的知识和用到的知识之比。

怎样改善你的"听用比"？你可以用四问学习法——不是单纯的"听—用"，而是"听—想—变—用"，通过深层迁移，不仅让你用得更多，而且用得更好。

这一章的主题是深层迁移，解决怎么把学到的知识用起来的问题。要把学到的知识用起来，如果只使用一句口诀，那就是这一句：

我可以怎么用？

不管学什么知识，或者听其他人介绍任何经验，都把这句口诀拿出来问自己。

你要注意，这句口诀是"我可以怎么用"，不是"我应该怎么用"，也不是"我能够怎么用"。后面两种问法尽管看起来差不多，但都没有第一种问法好。

如果问"我应该怎么用"，这里的"应该"两个字给人存在某种标准答案的感觉。

如果问"我能够怎么用"，这里的"能够"两个字可能让人怀疑自己有没有能力用。

而问"我可以怎么用"，这里的"可以"带来的暗示最积极：你是可以用得上的，而且没有唯一的标准答案，你可以找到适合自己的参考答案。

当然，"我可以怎么用"这句口诀还是有些缺点，就是容易从书本上的知识或者别人的经验，一下子就跳到一个应用场景（就像那个学习海底捞的店长），变成生搬硬套的表层迁移。

所以，我把"我可以怎么用"扩展为四个问题：

我听到什么？我想到什么？我变成什么？我用到哪里？

这四个问题是深层迁移的完整口诀，是对"我可以怎么用"的具体展开，是能够提升你的"信息－行动比"而且让你从信息到行动的转化更加有效的重要工具。

四问学习法中从"学"到"习"的四个步骤，其实就是学习的本质。

我在前面谈到过，卓有成效的学习者过动词化的人生。在本书的最后部分，我想再次强调这一点。

莫里斯·阿什利是国际象棋特级大师中的第一位非洲裔美国人。他说：伟大其实是个动词——

"伟大"并不是最终的目标，而是每天完成的一系列小的动作，目的是不断提高自己的技能，每一天都成为更好的自己。[9]

我解读一下，阿什利的话有两个要点：第一，要把目标变成过程，所以伟大是一个动词；第二，要把一个大的动词变成很多小的动词，才能真正做好这个过程。

我如果说"学习"是一个动词，你现在应该理解而且非常认同了。怎么把"学习"这个大动词变成很多小动词呢？我的主要建议就是使用四问学习法。

把四问学习法作为动词真正用起来，在读书、听课、跟人对话的时候，经常问自己这四个问题：

我听到什么？我想到什么？我变成什么？我用到哪里？

三场对话

这是一本对话之书。在这本书中，有三场对话在同时进行。

与自己的对话

这是一场我与自己的对话。与自己的对话，就是通常所说的反思。这是我作为一个学习者的反思，更是作为一个反向学习者的反思。

我从读中学时起开始成为所谓"学习好"的人。高考时我是四川省文科第一名，出国留学时 GRE 又考了满分。即使是在哈佛，我也在"学习好"方面小有名气——比如第一次宏观经济学考试，老师公布最高分是 A+，同一个学习小组的朱迪就来问是不是我。我说是，她说："我就知道是你！"

不过我一直觉得有什么事情不对劲。只是不知道到底哪里不对劲。

直到后来，我在哈佛商学院迈克尔·波特教授的课堂上，听见他说："我从来没有学习过宏观经济学。宏观经济学没有用。"我在《在哈佛学管理》一书中写过这个时刻，把它作为我从经济政策转向企业管理的关键节点。

现在回想起来，这也是我在学习上的转折点——我从这个时刻起开始了反向学习，主要是消除学校教育对我的种种负面影响。第一章提到的那些坏习惯，在我身上都有程度不等的体现。

之后我对学习才真正懂得了一些。本书提出的学习力的五项修炼，也都是我的亲身体会。我还没有做得非常好——这也是好事，说明我的提升空间还很大。

我所有的重要知识都是 30 岁之后学到的，而其中又有一半是 40 岁之后学到的。希望再过几年，我可以改口说：其中一半是 50 岁之后学到的。

与读者的对话

这本书也是我与读者的对话，尤其是一些特别的读者：企业管理者。

我是一个老师，主要教领导力和管理。在我对管理者、企业家的教学过程中，我逐渐发现，他们学习领导力和管理的主要障碍是——他们不会学习！在教他们其他任何东西之前，应该先教他们如何学习。

所以，我在北京大学汇丰商学院讲"管理学"这门课时，针对这些 MBA 学生不会学习的问题，以"学习心智"作为第一讲；我在某餐饮企业辅导其管理者团队时，针对他们不会学习的问题，发明了"四问学习法"。

我又意识到，不会学习其实是成年人普遍存在的问题，不只是管理者才有。所以我决定写一本面向更广泛读者群的学习书，把四问学习法等工具和理念提供给大家。

本书在对话中产生，在对话中修改。我在 2020 年夏秋之交完成了本书的第一稿（原名《学习之美》），并没有公开出版，只是在一小群读者中流传。基于与这些读者的对话，本书修改了好几个版本。有些读者成了书中的案例，有些读者提供了书中的某个案例，有些读者提出来的困惑促使我改变了某些想法，以及改变了某些想法的表述方式……

现在公开出版这本书，则是为了在更大的范围内，让这样的对话持续下去。

与小儿子的对话

本书有一个特别的读者：我的小儿子。

你可以在书中读到一些我与小儿子的对话。这既是本书的由来之一，也是我写这本书的一个重要目的：与小儿子对话。

在我开始写作本书的时候，小儿子在读高二，其目标是赴美留学。

当时，我脑子里有几本书稿在酝酿，最后决定先写这一本，最关键的因素是想把这本书送给小儿子，作为他长大成人的礼物，让他带着这本书去读大学。

我不希望他像我一样，30 岁才开始学会学习——我希望他 18 岁就能够踏上成为卓有成效的学习者的道路。

一般把 18 岁作为成人的标志。然而，真正的成人没有这么简单。我现在的想法跟彼得·圣吉一样：我们用一生的时间来学习"成人"。

2021 年，小儿子的确带着本书的雏形《学习之美》，去与哈佛相邻的 MIT（麻省理工学院）读大学去了。

过去几年我最开心的一个时刻，是在跟小儿子的一次越洋通话中，小儿子说前一晚睡不着觉，起来读了很久的《学习之美》，他说："爸爸，你写得太好了！"

我之前决定在 2025 年公开出版这本书，是因为他本来应该在这一年本科毕业，我打算把公开出版的这本书送给他作为毕业礼物。不过，他已经提前在 2024 年本科毕业了。他将在 2025 年研究生毕业，那就作为他的研究生毕业礼物吧。

当然，重要的不是一个礼物，而是跟他把关于学习和成长的对话保持下去。

所有这三场对话，都应该保持下去。

| 注 释 |

前言

［ 1 ］ GARDNER H E．Leading minds：an anatomy of leadership［ M ］． New York：Basic Books，2011．

［ 2 ］ 罗蒂．实用主义哲学［ M ］．林南，译．上海：上海译文出版社，2009．

［ 3 ］ 早川 S，早川 A．语言学的邀请［ M ］．柳之元，译．北京：北京大学出版社，2015．

［ 4 ］ 刘澜．领导力的第一本书：听大师讲领导力［ M ］．北京：机械工业出版社，2016．

导论

［ 1 ］ KATZ R L．Skills of an effective administrator［ J ］．Harvard Business Review，1974，52（9）．

［ 2 ］ 奈斯比特．世界大趋势：正确观察世界的 11 个思维模式［ M ］．魏平，译．北京：中信出版社，2010．

［ 3 ］ 诺瓦克．学习、创造与使用知识：概念图促进企业和学校的

学习变革［M］.赵国庆，等译.北京：人民邮电出版社，2016.

［4］布兰思福特，布朗，科金，等.人是如何学习的：大脑、心理、经验及学校：扩展版［M］.程可拉，孙亚玲，王旭卿，译.上海：华东师范大学出版社，2013.

［5］龚育之，逄先知，石仲泉.毛泽东的读书生活［M］.北京：生活·读书·新知三联书店，2010.

［6］费曼.费曼手札：不休止的鼓声［M］.叶伟文，译.长沙：湖南科学技术出版社，2019.

［7］徐中远.毛泽东读书十法［M］.北京：中央文献出版社，2013.

［8］赖建诚.推荐序［M］//萨缪尔森.萨缪尔森自述.吕吉尔，译.上海：格致出版社，上海人民出版社，2020.

［9］DAY S B，GOLDSTONE R L. The import of knowledge export：connecting findings and theories of transfer of learning［J］. Educational Psychologist，2012，47（3）：153-176.

第一章

［1］大前研一.专业主义［M］.裴立杰，译.北京：中信出版社，2006.

［2］叔本华.叔本华思想随笔［M］.韦启昌，译.上海：上海人民出版社，2008.

［3］格兰特.重新思考：知所未知的力量［M］.张晓萌，曹理达，付静仪，译.北京：中信出版社，2022.

［4］HOFSTEDE G，HOFSTEDE G J，MINKOV M. Cultures and organizations：software of the mind［M］. 3rd ed. New

York：McGraw-Hill，2010.

［5］ EASTERBY-SMITH M，et al. Constructing contributions to organizational learning：argyris and the next generation［J］. Management Learning，2004，35（4）：371-380.

［6］ KAUFMAN P D. Poor Charlie's almanac：the wit and wisdom of Charles T. Munger［M］. Marceline：Walsworth，2005.

［7］ 艾伦伯格. 魔鬼数学：大数据时代，数学思维的力量［M］. 胡小锐，译. 北京：中信出版集团，2015.

［8］ DEWEY J. Experience and education［M］. New York：Free Press，1997.

［9］ 威特. 社会学的邀请［M］. 林聚任，等译. 北京：北京大学出版社，2014.

［10］ 村上春树. 当我谈跑步时，我谈些什么［M］. 施小炜，译. 海口：南海出版公司，2015.

［11］ 华莱士. 生命中最简单又最困难的事［M］. 龙彦，马磊，译. 北京：北京时代华文书局，2016.

［12］ 索耶. 剑桥学习科学手册［M］. 徐晓东，等译. 北京：教育科学出版社，2010.

［13］ 格根. 关系性存在：超越自我与共同体［M］. 杨莉萍，译. 上海：上海教育出版社，2017.

［14］ 雷恩，贝德安. 管理思想史：第6版［M］. 孙健敏，李原，译. 北京：中国人民大学出版社，2014.

［15］ 佐藤学. 学习的快乐：走向对话［M］. 钟启泉，译. 北京：教育科学出版社，2004.

［16］ 阿克夫，格林伯格. 翻转式学习：21世纪学习的革命［M］.

杨彩霞, 译. 北京: 中国人民大学出版社, 2015.

[17] 艾萨克森. 爱因斯坦传 [M]. 张卜天, 译. 长沙: 湖南科学技术出版社, 2014.

[18] 布朗, 罗迪格三世, 麦克丹尼尔. 认知天性: 让学习轻而易举的心理学规律 [M]. 邓峰, 译. 北京: 中信出版集团, 2018.

[19] 吉仁泽. 风险与好的决策 [M]. 王晋, 译. 北京: 中信出版社, 2015.

[20] 焦尔当. 学习的本质 [M]. 杭零, 译. 上海: 华东师范大学出版社, 2015.

[21] 丹尼特. 直觉泵和其他思考工具 [M]. 冯文婧, 傅金岳, 徐韬, 译. 杭州: 浙江教育出版社, 2018.

[22] 达利欧. 原则 [M]. 刘波, 綦相, 译. 北京: 中信出版集团, 2018.

[23] 伯泽尔. 有效学习 [M]. 张海龙, 郭霞, 译. 北京: 中信出版集团, 2018.

[24] 哈蒂, 克拉克. 可见的学习: 反馈的力量 [M]. 伍绍杨, 译. 北京: 教育科学出版社, 2021.

[25] 珀金斯. 为未知而教, 为未来而学 [M]. 杨彦捷, 译. 杭州: 浙江人民出版社, 2015.

[26] DWECK C S. Mindset: The new psychology of success [M]. New York: Ballantine Books, 2007.

[27] DRUCKER P. The Drucker lectures: essential lessons on management, society, and economy [M]. New York: McGraw-Hill, 2010.

[28] 蒂尔, 马斯特斯. 从 0 到 1: 开启商业与未来的秘密 [M].

高玉芳，译. 北京：中信出版社，2015.

[29] ZIMMERMAN B J. Self-regulated learning and academic achievement : an overview [J]. Educational Psychologist, 1989, 25（1）: 3-17.

[30] 梁漱溟. 我生有涯愿无尽：漱溟自述文录 [M]. 上海：上海人民出版社，2013.

[31] 诺丁斯. 教育哲学 [M]. 许立新，译. 北京：北京师范大学出版社，2017.

[32] 同导论中 [5].

[33] 布尔斯廷. 发现者：人类探索世界和自我的历史 [M]. 吕佩英，等译. 上海：上海译文出版社，2006.

[34] DEWEY J. How we think : a restatement of the relation of reflective thinking to the educative process [M]. Chicago : Henry Regnery, 1971.

第二章

[1] 明茨伯格. 管理者而非 MBA [M]. 杨斌，译. 北京：机械工业出版社，2005.

[2] 米勒. 亲密关系：第 6 版 [M]. 王伟平，译. 北京：人民邮电出版社，2015.

[3] 刘澜. 领导力就是说对十句话：10 周年纪念版 [M]. 北京：机械工业出版社，2024.

[4] CHI M T H, WYLIE R. The ICAP framework : linking cognitive engagement to active learning outcomes [J]. Educational Psychologist, 2014, 49（4）: 219-243.

[5] 朱熹，张洪，齐熙，等. 朱子读书法 [M]. 上海：上海古

籍出版社，2024.

［ 6 ］　胡适. 读书与治学［M］. 北京：生活·读书·新知三联书
　　　　店，2014.

［ 7 ］　同导论中［7］.

［ 8 ］　朱光潜. 给青年的十二封信［M］. 上海：华东师范大学出
　　　　版社，2014.

［ 9 ］　同导论中［5］.

［10］　费曼. 你好，我是费曼［M］. 印姗姗，译. 海口：南海出
　　　　版公司，2016.

［11］　费曼. 别闹了，费曼先生：科学顽童的故事［M］. 吴程远，
　　　　译. 北京：生活·读书·新知三联书店，1997.

［12］　同第一章中［1］.

［13］　王元. 华罗庚［M］. 北京：开明出版社，1994.

［14］　费曼. 发现的乐趣［M］. 朱宁雁，译. 北京：北京联合出
　　　　版公司，2016.

［15］　布莱依耳. 和谐与统一：尼耳斯·玻尔的一生［M］. 戈革，
　　　　译. 上海：东方出版中心，1998.

［16］　大前研一. 思考的技术［M］. 刘锦秀，谢育容，译. 北京：
　　　　中信出版社，2008.

［17］　丘成桐，杨乐，季理真. 传奇数学家华罗庚：纪念华罗庚诞
　　　　辰100周年［M］. 北京：高等教育出版社，2010.

［18］　吕世浩. 秦始皇：诈与力的极致［M］. 北京：接力出版社，
　　　　2016.

［19］　小平邦彦. 我只会算术：小平邦彦自传［M］. 尤斌斌，译.
　　　　北京：人民邮电出版社，2022.

［20］　KAHNEMAN D. Thinking, fast and slow［M］. London：

Penguin Books，2012.

［21］ 柯文. 历史三调：作为事件、经历和神话的义和团：典藏版
［M］. 杜继东，译. 北京：社会科学文献出版社，2015.

［22］ 波姆. 贝聿铭谈贝聿铭［M］. 林兵，译. 上海：文汇出版
社，2004.

［23］ 广中平祐. 数学与创造：广中平祐自传［M］. 逸宁，译.
北京：人民邮电出版社，2022.

［24］ 朱克曼. 科学界的精英：美国的诺贝尔奖金获得者［M］.
周叶谦，冯世则，译. 北京：商务印书馆，1979.

［25］ 华康德. 作者前言二［M］// 布迪厄，华康德. 实践与反思：
反思社会学导引. 李猛，李康，译. 北京：中央编译出版社，
1998.

［26］ 乌拉姆. 一位数学家的经历［M］. 朱水林，吴炳荣，唐盛
昌，等译. 上海：上海科学技术出版社，1989.

［27］ KRUPP S，SCHOEMAKER P J H. Winning the long game：
how strategic leaders shape the future［M］. New York：
PublicAffairs，2014.

［28］ 同前言中［4］.

［29］ 德鲁克. 卓有成效的管理者：精装版［M］. 刘澜，译. 北
京：机械工业出版社，2023.

［30］ 福柯. 说真话的勇气：治理自我与治理他者Ⅱ［M］. 钱翰，
陈晓径，译. 上海：上海人民出版社，2018.

［31］ 奥格威. 一个广告人的自白［M］. 林桦，译. 北京：中国
友谊出版公司，1991.

［32］ 贝克尔. 社会学家的窍门：当你做研究时你应该想些什么？
［M］. 陈振铎，译. 重庆：重庆大学出版社，2017.

第三章

［ 1 ］ 同第二章中［29］.

［ 2 ］ 哈代. 一个数学家的辩白：双语版［M］. 何生，译. 北京：人民邮电出版社，2020.

［ 3 ］ 怀特海. 教育的目的：汉英双语版［M］. 靳玉乐，刘富利，译. 北京：中国轻工业出版社，2016.

［ 4 ］ 叔本华. 叔本华美学随笔［M］. 韦启昌，译. 上海：上海人民出版社，2009.

［ 5 ］ 艾萨克森. 史蒂夫·乔布斯传［M］. 管延圻，魏群，余倩，等译. 北京：中信出版社，2011.

［ 6 ］ DURANT W，DURANT A. The lessons of history［M］. New York：Simon and Schuster，2010.

［ 7 ］ 西蒙. 科学迷宫里的顽童与大师：赫伯特·西蒙自传［M］. 陈丽芳，译. 北京：中译出版社，2018.

［ 8 ］ PIRSIG R M. Zen and the art of motorcycle maintenance：an inquiry into values［M］. New York：HarperTorch，2006.

［ 9 ］ 朱光潜. 谈修养［M］. 上海：华东师范大学出版社，2014.

［10］ 蒙默. 蒙文通学记：蒙文通生平和学术：增补本［M］. 杭州：浙江古籍出版社，2021.

［11］ 卡尔维诺. 为什么读经典［M］. 黄灿然，李桂蜜，译. 南京：译林出版社，2006.

［12］ 巴恩斯通. 博尔赫斯八十忆旧［M］. 西川，译. 北京：作家出版社，2004.

［13］ 同第二章中［8］.

［14］ 金克木. 书读完了［M］. 上海：上海文艺出版社，2017.

［15］ 联合国教科文组织. 教育——财富蕴藏其中［M］. 联合国

教科文组织总部中文科，译. 北京：教育科学出版社，2014.

［16］梅多沃. 对年轻科学家的忠告［M］. 蒋效东，译. 北京：北京大学出版社，2020.

［17］爱克曼. 歌德谈话录［M］. 朱光潜，译. 北京：人民文学出版社，1978.

［18］洛文斯坦. 一个美国资本家的成长：世界首富沃伦·巴菲特传［M］. 顾宇杰，鲁政，朱艺，译. 海口：海南出版社，1997.

［19］COUTU D，MARCH J G. Ideas as art［J］. Harvard Business Review，2006，84（10）：82-89.

［20］明斯基. 创造性思维：人工智能之父马文·明斯基论教育［M］. 倪晚成，刘东昌，张海东，译. 北京：人民邮电出版社，2020.

［21］瑞泽尔. 布莱克维尔社会理论家指南［M］. 凌琪，刘仲翔，王修晓，等译. 南京：江苏人民出版社，2009.

［22］贾汉贝格鲁. 伯林谈话录［M］. 杨祯钦，译. 南京：译林出版社，2011.

［23］杨振东，杨存泉. 杨振宁谈读书与治学［M］. 广州：暨南大学出版社，1998.

［24］坎贝尔. 英雄之旅：约瑟夫·坎贝尔亲述他的生活与工作［M］. 黄珏苹，译. 杭州：浙江人民出版社，2017.

［25］菲德勒. 与塞涅卡共进早餐：斯多葛哲学的人生艺术［M］. 谭新木，王蕾，译. 上海：上海社会科学院出版社，2022.

［26］MARCH J G，SPROULL L S，Tamuz M. Learning from samples of one or fewer［J］. Organization Science，1991，2（1）：1-13.

［27］ 同导论中［7］.

［28］ 昆德拉. 小说的艺术［M］. 孟湄, 译. 北京：生活·读书·新知三联书店, 1992.

［29］ 帕慕克. 别样的色彩：关于生活、艺术、书籍与城市［M］. 宗笑飞, 林边水, 译. 上海：上海人民出版社, 2011.

［30］ 铃木大拙, 弗洛姆, 马蒂诺. 禅与心理分析［M］. 孟祥森, 译. 海口：海南出版社, 2012.

［31］ 德鲁克. 管理：使命、责任、实务：实务篇：中英文双语典藏版［M］. 王永贵, 译. 北京：机械工业出版社, 2007.

［32］ 克洛茨. 减法：应对无序与纷杂的思维法则［M］. 杨占, 译. 北京：中信出版集团, 2021.

第四章

［1］ 伯克. 历史学与社会理论：第2版［M］. 李康, 译. 上海：上海人民出版社, 2019.

［2］ 刘澜. 领导力：解决挑战性难题［M］. 北京：北京大学出版社, 2018.

［3］ 奥姆罗德. 学习心理学：第6版［M］. 汪玲, 李燕平, 廖凤林, 等译. 北京：中国人民大学出版社, 2015.

［4］ 博尔赫斯. 博尔赫斯文集：小说卷［M］. 王永年, 陈众议, 等译. 海口：海南国际新闻出版中心, 1996.

［5］ 詹姆斯. 实用主义：一些旧思想方法的新名称［M］. 钱多秀, 夏历, 译. 北京：外语教学与研究出版社, 2011.

［6］ 马奇. 经验的疆界［M］. 丁丹, 译. 上海：东方出版社, 2011.

［7］ 佩奇. 模型思维［M］. 贾拥民, 译. 杭州：浙江人民出版

社，2019.

[8] 彼格斯，科利斯. 学习质量评价：SOLO 分类理论：可观察的学习结果结构 [M]. 高凌飚，张红岩，译. 北京：人民教育出版社，2010.

[9] 波兹曼. 娱乐至死 [M]. 章艳，译. 北京：中信出版集团，2015.

[10] 刘澜. 领导力必修课：动员团队解决难题 [M]. 北京：北京联合出版公司，2019.

[11] CHI M T H，FELTOVICH P J，GLASER R. Categorization and representation of physics problems by experts and novices [J]. Cognitive Science，1981，5（2）：121-152.

[12] 同导论中 [4].

[13] 田涛，吴春波. 下一个倒下的会不会是华为：故事、哲学与华为的兴衰逻辑 [M]. 北京：中信出版集团，2015.

[14] 同第三章中 [7].

[15] 科尔文. 天才源自刻意练习：通向成功的高效学习法 [M]. 张磊，译. 北京：中信出版集团，2017.

[16] 罗斯林 H，罗斯林 O，罗朗德. 事实 [M]. 张征，译. 上海：文汇出版社，2019.

[17] 同第一章中 [23].

[18] 拉克雅礼. 生而不凡：迈向卓越的 10 个颠覆性思维 [M]. 陈能顺，译. 北京：机械工业出版社，2018.

[19] 哈蒂，耶茨. 可见的学习与学习科学 [M]. 彭正梅，邓莉，伍绍杨，等译. 北京：教育科学出版社，2018.

[20] 赵岚. 西美尔审美现代性思想研究 [M]. 北京：社会科学文献出版社，2015.

［21］ DRUCKER P. Not enough generals were killed［M］//
HESSELBEIN F，GOLDSMITH M，BECKHARD R. The
leader of the future：new visions，strategies，and practices
for the next era. Hoboken：Jossey-Bass，1996.

［22］ 同第三章中［5］.

［23］ 德鲁克. 旁观者：管理大师德鲁克回忆录［M］. 廖月娟，
译. 北京：机械工业出版社，2009.

［24］ DESLAURIERS，L，MCCARTY L S，MILLER K，et al.
Measuring actual learning versus feeling of learning in
response to being actively engaged in the classroom［J］.
Proceedings of the National Academy of Sciences，2019，116
（39）：19251-19257.

［25］ GOULSTON M. Just listen：discover the secret to getting
through to absolutely anyone［M］. New York：Amacom，
2009.

［26］ KELLEY R E. In praise of followers［J］. Harvard Business
Review，1988，66：142-148.

［27］ 曾仕强. 人际的奥秘：曾仕强告诉你如何搞好人际关系［M］.
北京：北京联合出版公司，2015.

［28］ 同第一章中［12］.

［29］ CUDDY A J C，FISKE S T，GLICK P. The BIAS map：
behaviors from intergroup affect and stereotypes［J］.
Journal of Personality and Social Psychology，2007，92（4）：
631-648.

［30］ 德威特. 世界观：现代人必须要懂的科学哲学和科学史［M］.
孙天，译. 北京：机械工业出版社，2019.

［31］ 米塞斯. 人的行为［M］. 夏道平，译. 上海：上海社会科学院出版社，2015.

［32］ 格雷克. 费曼传：1000 年才出一个的科学鬼才［M］. 黄小玲，译. 北京：高等教育出版社，2004.

［33］ 同第一章中［25］.

［34］ 佛尼斯. 绩效教练：获得最佳绩效的教练方法与模型［M］. 吴忠岫，译. 北京：电子工业出版社，2014.

［35］ 克莱因. 洞察力的秘密［M］. 邓力，鞠玮婕，译. 北京：中信出版社，2014.

第五章

［1］ BARNETT S M，CECI S J. When and where do we apply what we learn?：a taxonomy for far transfer［J］. Psychological Bulletin，2002，128（4）：612-637.

［2］ 同第三章中［22］.

［3］ 同第四章中［23］.

［4］ 傅佩荣. 哲学与人生：傅佩荣谈人生：第 2 版［M］. 上海：东方出版社，2012.

［5］ 爱比克泰德. 生活的艺术［M］. 刘树林，译. 北京：中国发展出版社，2005.

［6］ 张文江. 古典学术讲要［M］. 上海：上海古籍出版社，2018.

［7］ 同第一章中［23］.

［8］ 同第四章中［9］.

［9］ 费里斯. 巨人的方法［M］. 王晋，译. 北京：中信出版集团，2021.